낯선 지연씨의
인생철학

낯선 지연씨의
인생철학

― 내 맘 같지 않은 세상에서 살아가기

이종란 지음

동연

철학을 전문으로 공부하는 사람이라면 자기가 따르거나 주장하는 관점을 남과 어떻게 소통해야 할지 고민하는 일은 참으로 필요하다. 두더지처럼 전문 분야라는 땅굴에 숨어 사는 일도 딱하지만, 곳곳에 발표한 자기 글을 보통 사람들이 찾아 읽어 볼 것이라는 기대는 현실에 맞지 않는 상상이기 때문이다.

그래서 이 책은 원래 필자의 블로그에서 "어느 철학자의 변명"이란 제목으로 대중과 소통했던 것이었으나, 거기서 글을 내린 뒤 재가공했다. 덧붙여 평소 나의 말과 행동을 오해했거나 미워했을지도 모를, 그리고 좀처럼 내 블로그에 방문하지 않았거나 철학을 전공하지 않은 가족·친지·친구·지인·제자들에게 전하는 필자의 속마음을 녹였다. 그들의 눈높이를 배려한 또 하나의 소통 방식인 셈이다.

그러니 이 책은 철학사에 등장하는 학자들의 철학을 소개하거나 새로운 학술 견해를 밝히려고 시도하지 않았다. 다만 필자의 철학적 견해가 보통 사람들의 일상생활에 무슨 관

계가 있고, 또 그것이 어떻게 비판될 수 있는지, 그런 문제의
식에서 출발하였기에 서술 방식에서 대화체를 골랐다. 필자의
모습과 삶과 생각을 상징하는 '지연씨'(지혜의 연마와 씨름하는 이의
축약어)란 인물을 주인공으로 삼고, 대사(내용)와 해설(장면)과 최
소한의 지문을 섞어서 희곡 같으면서 그것도 아닌 대화체의
글로 엮었다. 장면과 인물의 모델은 대체로 내가 관계하는 모
임과 그 구성원이다.

　책장을 더 넘기기에 앞서 필자는 평소 삶에서 느끼는 이
질감이 너무 빨리 변해가는 현실만큼이나 나를 몹시 당황하게
만든다는 충격적 사실을 고백하지 않을 수 없다. 언제 어디를
가나 나는 낯선 이방인이다. 심지어 가족과 친인척은 물론 지
인들한테서도 그런 이질감을 느낄 때마다 그저 모진 운명이라
여기고 화이부동의 자세로 끈질기게 견뎌 왔다. 그래서 이 책
에는 그 낯섦에 따른 불편함도 녹아 있다. 물론 그들에겐 도리
어 이런 내가 더 괴이한 사람일 수 있음을 굳이 부정하지는 않
겠다.

　필자는 그 낯섦의 원인을 인식과 가치와 문화의 차이라
고 애써 이해하려고 한다. 그렇지만 그 확신의 차이가 이미 우
리 사회의 일상이 되어서 타자를 배제하는 이념적 분열과 여
러 갈등의 원인이라면 어찌하면 좋을까? 그 해결책은 불행히

도 절망에 가깝도록 보이지 않는다. 필자는 안 되는 줄 알면서도 그 가운데 하나를 고집스럽게 말하건대, 그것은 기존의 무엇을 무작정 따르거나 배척하기보다 세계와 역사와 삶에 대한 인식의 공감대를 형성하는 일이라고 본다. 물론 이런저런 이유나 눈앞의 이익을 두고 비합리적 확신에 가득 찬 사람들에게 그것을 기대하는 일 자체가 불가능에 가깝지만, 그래도 뜻있는 시민들의 공감대 확산에 기대하는 길 외에 달리 도리가 없다. 그것이 잘못된 인식을 교정하는 길이기도 하다.

여기서 필자의 주장만이 옳다고 확신하지 않는다. 반론은 늘 열려 있어 선택은 각자의 몫이다. 다만 근거 없는 확신에 찬 사람이나 빛바랜 이념을 추종하거나 근본주의적 입장만을 맹신하는 사람들에게는 이 책이 조금 불편할 수 있다는 점에서 미리 양해를 구한다.

이 책의 원고를 오래전에 마무리해 놓았다가 이제야 빛을 보게 되었다. 도서출판 동연 김영호 대표님과 편집부에 감사의 말씀을 올린다.

2024. 10.

이종란

차례

프롤로그   5

오해투성이인 철학

점치는 일   13

골치 아픈 학문   19

실생활에 도움이 안 되는 공리공담   25

도덕군자나 성인이 되는 학문   39

철학사를 공부하는 일   45

낡았어도 꼭 알아야 하는 논쟁

진화냐 창조냐   61

형이상학이 허구라고?   72

설계된 자연법칙   83

신이 있다면 무엇으로 이루어져 있을까?   94

네 앎을 의심하라   111

**사람이 있기에
벌어지는 일**

도대체 나는 누구냐?   129

결정된 적 없는 인간 본성   138

내 안에 있는 불행의 씨앗   147

'내로남불'식 선악 판단   160

역사는 정말로 진보할까?   168

**산다는 게
그런 거지**

쾌락과 허무   181

지식인의 기회주의   190

남녀의 사랑과 결혼 생활   203

죽음의 두려움을 극복하는 법   217

내세는 이미 도래한 사건   227

에필로그 | 그래서 이제 어떻게 살 거니?   241

오해투성이인 철학

점치는 일
골치 아픈 학문
실생활에 도움이 안 되는 공리공담
도덕군자나 성인이 되는 학문
철학사를 공부하는 일

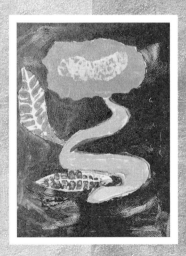

점치는 일

지연씨('지혜의 연마와 씨름하는 이'의 축약어. 이하 모두 그대로 적용함)가 어느 지방 작은 도시의 노인 대학에서 주최하는 교양 강좌에 강사로 초청되었다. 강의 주제는 '동양철학과 조선 유학'이었다. 수강생들은 대부분 노인이었고, 날카로운 질문에 지연씨는 연신 진땀을 흘렸다.

노인1   강사님은 철학자이시니까 철학관을 가지고 계시지요? 손님이 한 번 방문하면 얼마나 받나요?

지연씨   예? (약간 어리둥절하며) 제게 철학관 같은 거 없는데요.

노인1   하기야 요즘 건물 임대료가 좀 비싸야지…….

노인2   철학관이 없어도 인터넷이나 현장에서 사주를 봐주면서 잘 나가는 철학자가 얼마나 많은데요.

지연씨   아~ 예. 제가 하는 철학은 그것과 다릅니다. 그래서 당연히 철학관도 없고요.

노인1   아니, 동양철학에서 주역·음양·오행 등을 다루니까 점치는 내용도 들어 있지 않나요?

지연씨   (단호하게) 철학을 오해하고 있군요.

노인1   점이라 일컫지 않아도, 명리학이니 주역이니 하는 것을 다 동양철학이라 부르지 않습니까?

지연씨   글쎄요. 제겐 낯선 질문입니다. 정통 학문에서는 개인 미래의 길흉과 운명 따위를 점치는 일은 취급하지 않습니다.

노인1   그렇다면 왜 점치는 일을 '동양철학'이라 하고 점집을 '철학관'이라고 부릅니까?

지연씨   (떠듬거리며) 그건 저도 정확하게 모릅니다. 철학의 권위를 빌리기 위해서였는지 아니면 점치는 일을 철학으로 생각했는지.

노인2   그렇다면 강사님은 철학은 어떤 건가요?

지연씨   철학의 정의는 학파나 학자에 따라 다양해서 한마

디로 정의하기는 어렵습니다. 인터넷을 통해 한 번 확인해 보시지요.

노인3   똑같은 학문을 두고 다르게 정의한다는 게 잘 이해되지 않습니다만, 그렇게도 한다고 하니 강사님의 그것을 듣고 싶습니다.

지연씨   저는 철학이란 살아가는 현실의 문제를 두고, 그것을 근원부터 해결하려는 사유 체계라고 봅니다.

노인2   그렇다면 그 말은 철학이 '지혜를 사랑하는 학문'이라는 전통의 정의에 벗어나 보입니다만.

지연씨   그렇지 않습니다. 토막 난 지혜가 아니라 '체계를 갖춘 지혜'라고 보면 크게 어긋나지 않습니다.

노인3   하지만 사회과학 같은 분야도 현실 문제를 해결하려는 사유 체계가 아닌지요? 강사님의 정의는 그것과 차이가 없어 보이는데요.

지연씨   근거 있는 지적입니다. 다만 제가 정의한 '근원부터'라는 말에 초점을 맞추면, 어떤 전문 분야의 해결책보다 인간의 전체 삶에 적용되는 가치관이나 앎 혹은 존재의 근거, 곧 사람이 지향해야 할 이상이나 목적과 삶의 태도 등에 관계되는 엄밀한 종합 담론이므로 보통의 학문과 구별됩니다.

노인3   (실망스러운 표정으로) 그렇다면 그 철학으로 현실 문제가 해결됩니까?

지연씨   사안에 따라 다릅니다. 사실 모든 분야에 해당 학문이 있어도 완벽하게 해결하지 못했습니다. 변화하는 현실에 그 논리가 그대로 먹히지 않으니까요.

노인3   그렇다면 강사님의 정의는 모순이 있네요. 해결될 수 없는 문제를 해결한다고 하니까요.

지연씨   글쎄요. 철학이 도깨비방망이처럼 모든 문제를 해결할 수는 없습니다. 있어서도 안 되고요. 제 정의에서 말하는 '현실의 문제'는 누구의 그것이냐 하는 겁니다. 세상의 문제를 다 해결한다면 그만큼 보편성이 있지만, 그럴수록 위험 요소가 생깁니다. 이 세상에 훌륭하다는 종교나 철학 또는 이념이 한 국가나 문명을 지배했을 때 처음에는 좋아 보이다가 그 말로가 어땠는지 보십시오. 바로 이념화된 사상의 획일성이 그 몰락을 가져오지 않았습니까?

노인3 (따지듯이) 그러면 그것은 누구의 현실을 위한 철학인
       가요?

지연씨 무엇보다 먼저 자기 삶의 문제해결을 위한 철학이
       어야 합니다. 거기에 보편성이 있어 남이 따를지 말
       지 어떨지는 그다음 문제입니다. 이는 유학에서 말
       한 '나를 위한 학문'인 위기지학(爲己之學)이지 '남을
       위한 학문'인 위인지학(爲人之學)과는 일정한 거리가
       있기 때문입니다.

노인1 (실망한 듯이) 그렇게 한정하면 저에게는 참으로 낯선
       견해입니다. 이기적인 학문으로 보이니까요.

지연씨 (침착하고 차분하게) 글쎄요. 그렇게 말한 공자를 이기적
       인 분이라고 말한다면 할 말이 없습니다만, 철학이
       다루는 현실 문제란 먼저 해당하는 사람의 바람직
       한 삶을 위한 것이기는 해도, 그 결과 남과 사회에
       좋은 영향력을 미치지 않겠습니까?

노인1 알겠습니다. 어쨌든 강사님의 철학을 '현실의 문제

해결을 위한 체계를 갖춘 지혜' 정도로 말할 수 있다면, 철학이 점치는 일과 무관하다는 점을 확실히 이해했습니다.

지연씨 꼭 그렇지만은 않습니다. 지혜가 체계를 갖추면 자기의 앞날은 물론, 남의 말과 행동을 가지고 그 사람의 앞일도 어느 정도 예측할 수 있습니다. 그것 또한 일종의 점이 아니겠습니까?

노인1 (귓속말로 옆자리 노인에게) 참 이상한 강사야. 철학은 점이 아니라고 해 놓고서 또 이제 와서 일종의 점이라니. 젠장. 말이야 막걸리야?

골치 아픈 학문

어느 늦은 여름. 지연씨가 광화문 광장 '태극기 집회' 현장 옆을 지나가다가 자기를 알아보는 사람을 만났다. 마침 그 집회에 참석한 김반석이라는 동창이었다. 두 사람은 근처 카페에서 얘기를 나누었다.

지연씨   이게 얼마 만인가? 마지막으로 만난 후 꽤 오래됐지? 서로 알아볼 수 있다는 게 참으로 신기하군.

김반석   (약간 흥분된 소리로) 정말 그렇네. 자네도 '독재 타도', '전 대통령 탄핵 무효'를 위한 집회에 나왔겠지?

지연씨   아니야. 이 근처에서 철학을 공부하는 모임이 있어서 참석하고 집에 돌아가는 중이네.

김반석   이런 중요한 집회를 놔두고 철학을 공부한다고? 설마 이 나이에 용돈이 궁해서 철학관을 차리려고? 아니면 길에 돗자리 깔고 앉아 지나가는 사람들 사주나 봐주려고 그러는 건 아니겠지?

지연씨 　자네 대졸 출신 맞는가? 우리가 대학 다닐 때 적어도 '철학 개론' 정도는 무조건 들었을 텐데…….

김반석 　물론 그랬지. 이런 중요한 시국에 한가하게 철학을 공부한다니까 낯설어서 해본 소리야. 나라가 엉망인데 바로 잡아야 하지 않겠나.

지연씨 　글쎄. 나라가 엉망인지 아닌지 판단하는 데는 각자의 기준이 있겠지만, 평생 철학을 공부해 온 나로서는 자네의 인식에 전혀 공감할 수 없네.

김반석 　그런가? (머리를 흔들며) 나는 철학이라 하면 당최 어려워서 골치 아픈 기억밖에 없네. 철학책은 잠 안 올 때 보면 수면제보다 효과가 더 좋지. 흐흐!

지연씨 　그 어렵다는 말 어쩌면 당연할지도 몰라. 법학이나 의학도 어렵지 않은가?

김반석 　당연하지. 하지만 법학이나 의학과 달리 많은 사람에게 철학을 전하려면 문학처럼 표현이 쉬워야 하지 않겠나?

지연씨   그런 점도 있지만 의학이나 법학을 이해하려면, 그
         분야의 개념과 용어를 익혀야 하듯이 철학도 마찬
         가지네. 모든 학문이 그렇지 않은가? 문학도 겉보기
         에는 쉬워 보이지만 깊이 들어가면 어렵겠지.

김반석   아이고, 머리야! 마, 고마해라. 선생 출신 아니랄까
         봐 그러는군. 이 세상에 쉬운 건 하나도 없지. 그래.
         철학을 어렵게 느끼는 이유나 들어 보세.

지연씨   일단 어떤 철학자의 사상을 이해하는 일부터가 쉬
         운 일이 아니네. 그가 평생 탐구하여 생산한 이론인
         데도, 사람들은 짧은 시간의 강의나 독서로 쉽게 이
         해하려고 들지. (목소리를 약간 높이며) 그건 완전히 도둑
         놈 심보네. 어떤 학자는 그 한 사람의 철학을 두고
         평생 연구하기도 하는데…….

김반석   그 말도 맞는데, 꽤 오랫동안 공부해도 모르겠더라
         고. 원래 어려워서 그런 게 아닌가?

지연씨   그 말 어느 정도 이해해. 철학사를 가르치거나 전달
         하는 사람들의 책임이기도 하지. 게다가 원래부터
         난해한 철학도 있네. 그건 그 철학을 전공한 학자들

도 마찬가지야. 그래서 다양한 해석이 나올 수밖에 없고. 그런데도 보통 사람들은 교과서 같은 설명을 요구하는데, 그게 얼마나 어설프게 사람 잡는 일인 줄 아는가? 당최 어떤 전문가의 학설이 정설인지 모를 수도 있는데, 정답을 요구하는 일 그 자체가 입시 위주의 우리 교육의 폐해일세. 보통 사람들은 하나의 문제에 이런 다양한 답이 있다는 사실 그 하나만 알아도 세상은 달라지네.

김반석   어려워 다양한 해석이 나올 수밖에 없는 철학이 있다는 걸 내가 왜 모르겠나? 하지만 쉽다는 철학자의 논리도 내게는 너무 어렵더라고. 특히 우리말로 번역한 서양철학이 더 그렇고.

지연씨   동감이네. 이전 철학이 어려운 이유 가운데 하나는 요즘 일상에서 사용하지 않는 용어 때문이네. 동아시아 철학에서는 한문이, 서양철학은 고대나 해당 국가의 언어로 된 용어 때문이고. 그래서 번역자가 해당 철학의 개념과 용어를 지금 우리말로 잘 소화해서 옮겨야 하는데, 번역서 가운데에는 도무지 뭔 소린지 알 수 없는 것도 많아. 그러니 번역 역량에는 한국어 실력도 빼놓아서는 안 되네. 게다가 번역 불가한 용어도 있어 어려움을 더하지. 또 자네가 예전에 강의 들을 때 어렵다고 느낀 경험도 알고 보면, 해당 전문가가 그 대학에 없어서 편의대로 비전문가에게 강의를 맡겼을 가능성이 커. 자기 전문이 아닌 내용을 강의하려니 얼마나 설명이 왔다 갔다 했겠어. 수강생이 제대로 이해하는 일은 기적에 가깝네.

김반석   허허! 참말로. (비꼬는 말투로) 그러니까 철학이 어렵지 않다는 건가? 어렵다는 건가?

지연씨   그야 공부하는 방식 나름이네. 물론 누군가 일반인이나 어린이들이 이해할 수 있도록 쉽게 설명할 수는 있지만, 그러다 보면 해당 철학을 왜곡하거나 지나치게 단순하게 만들 가능성이 있어서 제대로 전달될지 미지수고. 마치 천연 과일 맛 흉내 낸 음료수처럼 말일세. 아무튼 이 세상에 뭐든 간에 남이 떠먹여 주는 건 한계가 있다는 뜻이지.

김반석   그러니까 삶의 고민도 없고, 생각할 줄 모르는 놈들은 철학을 이해조차 못 한다는 이 말이군.

지연씨   정확하게 보았네. 만약 해당 철학자와 같은 고민을 오랫동안 한 뒤에 그 철학을 읽는다면, 머리에 번갯불이 일어날 걸세. 그러니 평소에 생각과 고민이 없는 게 정말 큰 문제지.

김반석   음~. 생각 없는 배부른 돼지들은 철학과 거리가 멀다는 얘기군. 어렵다고 느끼는 일은 고사하고.

지연씨   배부른 돼지도 문제지만, 주인이 시키는 대로 짖고 물어뜯는 개처럼 사는 일이 더 우려스럽지.

김반석   뭐라고? 설마 자네 나를 개돼지 취급하는가?

지연씨   무슨 말씀을? 도끼로 자기 발등 찍는 어리석은 사람들을 두고 한 말이지.

김반석   (얼굴을 붉히며) 이 친구가?

실생활에 도움이 안 되는 공리공담

지연씨는 매달 한 번 열리는 어떤 포럼의 소속 위원이다. 위원들은 각자 자기 분야에 다년간 종사한 박사들이다. 포럼의 주제는 최근 사회에서 논쟁거리가 되는 현안을 두고 각자 전공한 학문의 관점에서 그 원인을 분석하고 해결 방안을 제시하는 식으로 3시간 동안 진행한다. 어느 날 포럼이 끝난 뒤 생맥주 가게에서 포럼의 사회자를 중심으로 위원들 사이에 가벼운 대화가 오고 갔다.

사회자　오늘 포럼의 주제는 '근로 시간 단축'이었는데 철학을 전공하신 이 위원님의 의견이 적었습니다. 거기에 특별한 이유가 있었는지 모르겠습니다.

지연씨　주제의 성격상 경영학과 법학과 행정학을 전공한 위원들께서 말씀을 많이 하셨기도 했지만, 제가 그

분야에 대해서 제대로 말하려면 많은 시간을 뺏어야 해서 자제했습니다. 물론 그 해결책에는 다소 현실성이 떨어질 수는 있습니다만…….

홍위원　사실 오늘의 주제에 철학으로 접근하는 견해는 공리공담이 될 수밖에 없는 것 같아요.

유위원　원래부터 철학 자체가 매사에 현실감이 떨어지지 않습니까? 이 위원님의 평소 말씀을 듣노라면 신흥종교 교주 같다는 생각도 들고요.

지연씨　매사에 철학 자체가 현실성이 떨어진다는 판단은 제 삶을 두고 동의하기 어렵습니다. 다만 교주 같다는 생각은 아마도 제 철학의 독창성을 그렇게 표현할 수 있다고 봅니다. 칭찬으로 듣겠습니다.

사회자　(손을 누르듯 내 저으며) 자자, 뒤풀이 자리니까 너무 심각한 토론은 그만두고, 이 위원님께서 본인의 삶을 기준으로 평가할 때 철학이 어쩌면 가장 현실성 있는 학문이 될 수도 있다는 생각에 대해서 각자가 부담 없이 묻고 답하는 시간을 가져보지요.

다같이　(한목소리로) 좋습니다.

장위원   (친근한 목소리로) 이 위원님께서 기철학을 연구한다기에 기에 대해서 평소 몇 가지 궁금한 점을 여쭤본일이 있습니다만, 오늘은 제가 집중해서 질문하겠습니다. 먼저 철학을 공부한 중요한 계기가 있었을 겁니다. 그것은 아마도 이 위원님의 현실 문제와 관련이 있을 듯합니다만.

지연씨   예리하게 보았습니다. 고등학생 때 윤리 담당 선생님께서 내가 믿던 기독교를 비판할 즈음, 그 논리를 부수기 위해 철학을 공부해야겠다는 생각을 막연히 했습니다. 아이러니하게도 청년기에는 그 반대로 철학을 공부하면서 교회를 떠났습니다.

장위원   흥미로운데요. 좀 자세히 말씀해 주십시오.

지연씨   청년의 특성 가운데 하나로 기존 체제나 가치에 반항 또는 저항하는 경향이 있지 않습니까? 그 대상에는 관습이나 사회체제도 있지만, 제 경우에는 종교도 예외가 될 수 없었죠. 당시는 암울한 군사 독재 시절이었고, 그때 다니던 교회는 한국에서 가장 보수 교단에 속해 있었습니다. 역사와 사회 문제에는 전혀 관심도 없고, 오직 교회 부흥을 위해 전도와 헌신만 강조했습니다. 현세의 축복과 내세의 복락을 담보로 말입니다. 그로 인해 신앙생활의 의미도 보람도 없다 보니, 담임 목사의 설교는 점점 마음의 고문으로 다가왔습니다. 특정 신학의 눈으로만 세상을 인식하는 반지성에 가까운 순종만 강요당한 거였죠.

최위원   그래서 곧장 교회를 떠났습니까?

지연씨   아닙니다. 그 교회를 벗어나 당시 서울의 대형 교회는 물론, 유명하다는 교회를 섭렵한 뒤 마지막으로 한국에서 가장 진보 성향으로 알려진 교회에 출석하게 되었습니다. 그 교회 출신 가운데는 한국을 대표하는 신학자와 운동권 인사들도 있었습니다.

유위원   그 정도면 이 위원님의 취향에 꽤 만족스러웠을 텐데요.

지연씨   한동안 크게 만족했습니다. 신앙 못지않게 인간의 역사적 책임을 일깨우고, 이성을 신뢰하며 과학과도 사이가 좋았습니다. 그것은 엘리트 지식인들을 주축으로 그 교회를 창립했기 때문입니다. 하지만 그것도 잠시, 그 교인들과 나는 물과 기름처럼 어울리지 않는다고 점차 깨달았습니다. 그 교회 다수 교인은 이른바 일류 대학 출신의 엘리트이면서 선망하는 직업에 잘사는 계층이었기 때문입니다.

홍위원 　 그렇다 하더라도 그런 인식에 따른 판단은 이 위원님의 열등감의 소치가 아닐까요?

지연씨 　 (침착하고 또렷하게) 부인하지 않겠습니다. 지금 생각해보니 그것은 가난한 청년들이 흔히 겪는 일이기도 하지요. 그 경우 해당 청년들은 대개 좌절하고 끼리끼리 어울리거나 드물게는 분발하여 공부하게 되지요. 저는 후자를 택했습니다.

홍위원 　 그런 열등감 때문에 철학 공부를 했나요?

지연씨 　 전혀 무관하다고 말하지 않겠습니다. 다만 당시 사회의 현실도 내 처지도 너무 답답해서 공부하지 않을 수 없었죠. 또 그때 공립학교 교사로 있었기에 공부 외에 딱히 선택할 다른 길도 없었습니다.

장위원 　 그런데 철학이 현실성 있는 학문이라는 증언을 아직 듣지 못했습니다.

지연씨   지금까지가 그 배경입니다. 철학을 공부하면서 그 교회에서 느꼈던 일종의 괴리감이랄까 열등감의 원인을 알았습니다. '송충이는 솔잎을 먹고 살아야 한다'라는 평범한 교훈을 망각했던 것이죠. 게다가 내가 당시에 추구하던 철학의 세계관에서 볼 때, 인식론적 비합리성을 인정해야만 하는 믿음만으로 암울한 현실을 지탱하기는 힘들었습니다. 게다가 교회 출석은 시간상 공부에 방해 요소였죠. 그래서 신앙생활을 잠시 접었습니다. 그러니까 철학이 삶의 방식인 종교를 버리게 했으니 꽤 현실성이 있지요?

장위원   믿던 종교를 그만두게 만든 철학의 현실성을 무시할 수 없습니다만, 그것만으로는 좀 빈약한데요.

지연씨   그렇죠? (말의 속도를 늦추며) 무엇보다 육체와 정신의 자유를 누리려는 강한 욕구와 용기도 철학하는 태도로부터 나왔습니다. 그런데 정작 교회를 떠나니 뜻하지 않게 한동안 악몽에 시달렸습니다. 폭력 조직을 배반한 조직원이 그 보복을 두려워하는 심리 현상과 유사하다고나 할까요? 하지만 그 악몽이랄까 죄의식도 합리적 깨달음을 통해 말끔히 극복하고, 더는 종교에 코 꿰이지 않습니다. 내가 세운 철학의 원칙에 따라 사는 주체성을 확보한 것이지요.

장위원   (머리를 갸우뚱거리며) 저는 이해하기 힘듭니다. 대개 보통 사람들은 신앙이라는 믿음을 통해 미래의 삶에 대한 불안과 죽음의 공포로부터 실제로 해방되는데, 그런 것까지 감수하고서 종교를 버렸다는 점을요.

지연씨   그 말씀은 처음 입교하는 초보자들이 신앙을 갖게 만드는 방편, 곧 일종의 장치라고 봅니다. 마치 유아들에게 힘센 아빠가 있다는 믿음처럼 말이에요. 제 경험상 죽음의 공포와 불안으로부터 참으로 자유롭게 되는 상태는 외부로부터 주입되는 관념이 아니라, 실은 내면의 깨달음을 통해서입니다. 그것은 온전히 철학의 역할입니다. 사실 종교에서도 철학의 힘을 빌려 나름의 설득력을 확보하고 있지 않습니까? 그렇게라도 하지 않았다면, 종교는 혹세무민하는 미신으로 전락했을 것입니다. (확신에 찬 목소리로) 그러니까 철학은 이런 일을 비롯하여 인간과 만물의 존재 근거와 앎의 방식과 가치 등에 대한 근본

답변 또는 해결책을 제시하므로, 더는 불필요한 데 시간 낭비하거나 방황하지 않지요. 인생의 가장 소중한 문제를 다루니 얼마나 실용적입니까?

장위원   그런가요? 철학이 공리공담이 아닌 사례를 더 들려주시겠습니까?

지연씨   (자신만만하게) 얼마든지요. 삶에 우선순위를 두고 주체성을 유지하며 살 때와 또 무엇보다 자신의 삶을 정당화, 달리 말해 삶을 긍정하는 데 큰 도움을 받았습니다. 저는 주식이나 부동산에 투자해 돈을 벌어본 적이 전혀 없고, 직장에서 승진한 적도 없으며, 사회에 쌓은 명성도 없습니다. 게다가 외모도 능력과 지위도 보잘것없는 소시민에 지나지 않고, 장애인 자녀 그것도 발달장애 아이를 두고 있지만, 제가 중요하다고 여기는 일에 우선 가치를 두고 행복하게 즐기며 열심히 살아왔습니다. 남들이 볼 때 불행의 요소가 더 많은데도 말입니다. 어쩌면 가난이나 못난 점을 되레 즐겼다고 말하면 지나쳤다고 할지 모르겠습니다만, 요약하면 철학의 도움으로 지혜롭게 즐겁게 잘 살았다는 뜻입니다.

홍위원   제가 가까이서 지켜본 경험에 따르면 적어도 이 위
        원님의 철학이 그런 역할을 했다는 점을 부정하지
        않겠습니다. 부연해서 '자신의 삶을 정당화하는 일'
        에 대해서 자세히 말씀해 주시겠습니까?

지연씨   자신이 선택한 삶만이 아니라, 잘났건 못났건 내 힘
        으로 어찌할 수 없는 운명까지도 사랑하며 즐기게
        하는 일도 제 철학의 몫입니다. 저의 삶을 철학이
        떳떳하게 만들어 주었다는 뜻입니다.

홍위원   하지만 그런 태도는 다분히 주관이 개입해서, 분명
        히 사회로부터 기인(奇人)으로 취급받을 수 있지 않
        겠습니까?

지연씨   물론 그럴 개연성은 있습니다. 철학자의 배우자조
        차도 그를 이해하지 못할 것입니다. 철학자가 자신
        이 세우거나 선택한 철학에 충실하다 보면, 드물기
        는 하지만 현실의 관습이나 상식, 윤리나 도덕도 무
        시할 수 있기 때문입니다. 그것은 자기 철학이 행위
        의 입법자요, 심판자 역할을 해서 그러는 겁니다.
        다만 보통 사람들의 시각에선 저의 이런 논리가 제
        잘못된 삶을 변명하는 일처럼 보이겠지요.

최위원   (지연씨를 정면으로 바라보며) 모든 철학자가 이러면 사회
         가 혼란해지지 않겠습니까? 특히 젊은 철학자가 그
         런다면 더욱 위험하지 않겠습니까?

지연씨   제가 말씀드린 내용을 경거망동과 혼동해서는 안
         됩니다. 저도 젊었을 때는 생각과 판단이 미숙하고
         못나서 실수가 잦았고, 욕망에 이끌려 행동한 적이
         한두 번이 아니었습니다만, 자기 행동의 입법자와
         심판자 역할을 하려면, 장시간의 성찰과 수양을 거
         쳐야 가능합니다. 그래야 모든 것으로부터 자유로
         운 경지에 도달하지요. 다행히 제가 공부한 전통 철
         학에 이런 수양 이론이 많아서 큰 도움을 얻고 있습
         니다.

유위원   (미소를 지으며) 이 위원님의 말씀을 들으니 신흥 종교
         교주 같다는 생각이 더욱 확고해집니다. 사실 철학
         을 공리공담이라고 비아냥거리는 까닭은 개인의 삶
         차원이 아니라, 경영학이나 공학처럼 실생활에 직
         접 도움이 되지 않아서 그럴 수도 있습니다.

지연씨   사실 그 문제는 굳이 철학에만 해당한다고 할 수 없
         습니다. 순수 예술이나 인문학 심지어 종교에도 그

런 성격이 분명히 있다고 봅니다. 그럼에도 불구하고 대중 예술이나 일부 종교는 번창해서 대단히 실용성이 있어 보이는데, 그것들은 대중에게 손쉬운 즐거움과 값싼 위안을 주거나 욕망 추구를 정당화하거나 부추기기 때문입니다. 쉽게 말하면 대중의 욕망과 결탁하고 야합한 결과이지요.

유위원   (불만스러운 말투로) 철학이나 인문학이라고 해서 그렇게 못 할 이유는 없지 않습니까?

지연씨   그것은 인문학을 왜곡시키는 얄팍한 상술, 달리 말하면 시장에 구애하는 일에 불과하다는 것이 제 생각입니다. 옛날 도공이 자기가 만든 만족스럽지 않은 도자기를 미련 없이 부숴버리는 행위는 자기 작품에 모종의 책임을 지기 위한 일입니다. 그러니까 유 위원님께서 철학이 실생활에 도움이 안 된다는 지적은 이렇듯 오락성과 경제성이 부족하다는 점을 지적했다면 동의하겠습니다.

유위원   그렇기는 해도 철학을 공리공담으로 여기는 데는 먹고살기 힘들어서 그런 것 아닐까요?

지연씨   그것도 오해입니다. 철학만 강의하여 먹고 사는 일
         이 직업이 된 데에는 동서양 모두 역사가 그리 오래
         되지 않았습니다. 근대 이후 대학이 많아지다 보니
         그런 분들이 이전보다 늘어난 현상이지요. 그러니
         까 그전에는 공식이든 비공식이든 철학자도 직업을
         가지고 있었던 거지요.

유위원   (다짜고짜) 예를 들어보시지요.
지연씨   동서를 막론하고 근대 이전의 철학자는 정치가, 왕
         가나 귀족을 상대로 한 가정교사, 전·현직 관료나
         그 후손, 양반이나 귀족의 후손, 지주, 종교 기관에
         소속된 승려, 수공업 종사자, 서당 훈장, 사설 학원
         의 교사 등 다양했습니다. 그러니까 직업을 가지고
         있으면서 철학을 했다는 뜻입니다. 현대는 직업의
         종류가 얼마나 많습니까? 누구나 마음만 먹으면 철
         학을 할 수 있는데도 철학으로만 먹고살려니 힘들
         지 않겠어요? 또 대학의 철학과를 졸업해도 취직이
         안 돼서 한 말일 수도 있지만, 굳이 취업만을 위해
         철학을 공부하기에는 위험 부담이 너무 큽니다.

박위원 사실 이 위원님의 논리는 여타 학문이나 예술·종교 분야에도 적용될 것 같습니다. 또 각자가 종사하는 분야를 통해 자신의 삶을 아름답게 또는 지혜롭게 가꾸어가는 점에서 볼 때, 철학도 현실성이 있다는 말이 설득력이 있습니다. 다만 그것이 욕망 추구를 위한 재화의 획득에는 타 학문에 견주어 경쟁력이 떨어집니다만, 그런 욕망 자체에 큰 의미를 부여하지 않는다면 문제가 될 것은 없어 보입니다.

지연씨 그렇기는 합니다만, 현실이 지금보다 더 암담해져 인류의 불평등이 깊어졌을 때 그것을 해소할 현실적 논리를 철학이 제시한다면, 가장 현실적이고 강력한 변혁 이론이 될 수 있습니다. 과거 사회주의 혁명 때처럼요. 그런 일이 벌어지지 않아야 하겠지만요.

사회자 맞습니다. 그 점도 인류가 역사적으로 경험했습니다. 정리하겠습니다. 이 위원님의 삶에 비추어 보면 철학은 열등감 극복, 삶의 주체성 확립, 대중의 욕망과 야합한 종교를 대체할 만한 진리 확보, 삶과 운명의 사랑, 행복, 죽음의 두려움 극복, 자유로운 정신의 경지, 나아가 사회 변혁 이론 등을 제공하므로 공리공담이 결코 될 수 없다는 생각이 듭니다. 다만 일반사람들은 일의 우선순위가 철학과 거리가 먼 삶의 수단에 있기에 철학을 비현실적이라고 여기는 듯합니다. 사회자로서 생각은 참된 종교도 여기서 말하는 철학의 현실성과 크게 다르지 않을 듯합니다.

지연씨   그 참된 종교도 철학과 손잡은 결과이지요.

장위원   (가볍게 웃으며) 그럼 이참에 참된 종교가 어떤 건지 한 말씀 부탁드려도…….

사회자   장 위원님, 여기서 더 나가면 오늘 집에 못 갑니다. 궁금한 점은 다음 기회로 미루고 각자 돌아갈 길이 머니 이 정도로 끝내는 것이 어떨지요?

참석자   (모두 한목소리로 크게) 좋습니다!

도덕군자나 성인이 되는 학문

지연씨 내외는 그의 작은 형님 내외와 함께 지연씨가 운전하는 승용차를 타고 가끔 여행을 다닌다. 성인 가족끼리 모이면 으레 그렇듯이 왁자지껄 떠들면서 회포를 푼다. 가끔은 아내들이 자기 남편의 비리나 약점을 폭로하는 일도 즐긴다. 그럴 때면 남편들은 아내들이 스트레스 푼다고 여기고 약속이나 한 듯이 묵묵히 듣고 만다. 어느 봄날 여행에서는 예전과 달랐다.

아내　　성님, 저는 이이가 철학을 공부한다고 해서 성인군자를 닮아갈 것이라고 내심으로 기대했는데, 공부와 실제 모습은 전혀 딴판이더라고요.

형수　　(의아한 표정으로) 아니, 서방님 정도면 모범생이지. 술담배도 안 할뿐더러 직장 생활도 잘했고, 가정에도 충실했는데 그 이상 뭘 바래요.

아내   (약간 짜증스러운 말투로) 성님은 잘 몰라서 그래요. 얼마
        나 냉정하고 자기 일밖에 모르는데요.

지연씨   맞는 말씀이긴 한데, 하나 묻겠소. 내가 언제 성인
        군자 닮아갈 것이라고 말한 적이 있었소?

아내   그런 말은 안 했지만, 당신이 공부할 때면 자주 공
        자가 어쩌고 맹자가 어쩌고 해서 그런 줄 알았죠.

작은형   (갑자기 툭 튀어나오며) 공자와 맹자를 자주 말했다면, 성
        인군자가 되는 철학이 맞지.

지연씨   (룸미러로 뒷자리를 보며) 유학이 기본적으로 성인이 되는
        학문이라는 말은 맞습니다만, 유학을 연구하는 일
        과 성인을 따르는 일은 차원이 다릅니다.

작은형   (약간 큰 소리로) 그게 무슨 소린가? 성인의 가르침을
        따르려고 연구하지 않는가?

지연씨   형님은 목사님이니까 그렇게 말하는 거 이해합니
        다만, 이런 비유를 해보지요. 사람들이 성서를 읽을
        때 예수의 가르침을 따르기 위해서도 읽지만, 기독
        교를 비판하기 위해서도 읽지도 않습니까?

작은형   (머리를 끄덕이며) 그렇기도 하지.

아내 (실망한 듯이) 여보, 그런 궤변이 어디 있어요? 완전히 코에 걸면 코걸이 귀에 걸면 귀걸이군요. 성인들이 남긴 글이나 가르침을 보면서 따르려고 하는 일이지, 비판만 한다고요?

지연씨 꼭 비판만 한다는 뜻은 아니고, 따르거나 비판할 수도 있다는 뜻이지요. 내 얘기는 사람에 따라서는 그분들의 가르침이 연구의 대상이 될 수 있고, 따르고 말지는 그런 다음에 결정할 문제라는 거요.

아내 어차피 연구 결과는 그렇게 정해지지 않나요? 성인들이 틀린 말을 할 리 없으니까요.

지연씨 물론 그렇기도 하지만, 나는 성인의 말이 지금에 다 맞는다고 보지는 않아요.

형수 동서 말이 맞을 수도 있네요. 좋은 점을 따라서 성인군자가 되어야 하지 않겠어요?

지연씨 글쎄요. 연구하다 보면 성인을 닮아갈 수도 그렇지 않을 수도 있습니다만, 무엇보다도 지금은 그분들이 살았던 시대와 배경이 달라서 현대철학자들이 성인의 말이라고 해서 종교 교주의 가르침처럼 무

조전 믿고 따를 것이라는 생각은 오해입니다. 우리
가 지금 조선 시대에 사는 것은 아니잖아요?

아내   그래도 철학자라면 성인을 닮아가야 한다고 봅니
다. 철학의 아버지인지 뭔지 소크라테스도 세계 4대
성인 가운데 하나가 아닌가요?

지연씨   (단호하게) 좋아요. 당신도 소크라테스 아내처럼 하구
려. 그러면 나도 성인이 될 테니깐.

아내   어찌 그런 잘못된 예를 들어요. 당신이 철학자로 여
기는 공자도 성인이잖아요?

지연씨   공자는 아들·손자와 함께 삼대가 모두 아내를 쫓아
냈다고 전하는데, 그래도 내가 성인 되는 게 좋겠
소? 석가모니는 아예 출가했고, 또 예수는…….

아내   (큰 소리로) 그만 해요! 하여튼 말로는 못 당한다니까
요. 아주버님, 이이는 매사가 이런 식이에요.

지연씨   당신 말을 이해는 해요. 지금도 유학을 종교처럼 따
르는 학자들도 있어서 당신이 그렇게 말할 만해요.
그러나 나는 유학을 연구 대상으로 삼아 좋은 점을
계승하고 단점을 비판하지만, 무턱대고 따르지는

않아요. 이는 마치 보수 기독교인이라면 성서 내용을 무조건 믿고 따르겠지만, 성서학자라면 반드시 그럴 필요는 없는 일과 같아요.

작은형　제수씨, 동생의 그 말은 맞아요. 철학하는 태도 가운데 하나는 비판도 있습니다. 그래서 자신이 어떤 사상을 비판하면서 취사선택하다가 높은 경지에 오르면 자기 철학대로 살고요.

아내　그래서 매사를 비판하면서 제 마음대로군요. 철학자는 핑계 댈 이론이 많아서 참 좋겠네요.

지연씨　이왕 핑계라는 말이 나왔으니 변명 같지만, 부탁 좀 합시다. 당신이 보기에 내가 성인군자가 되기에는 눈곱만큼 가능성도 없어 보이겠지만, 성인군자가 되는 기준이 다르다고 봐주면 어떻겠소? 당신이 생각하는 성인군자와 내가 생각하는 그것이 달라서 그런 오해가 생겼다고 보고…….

형수　그래도 성인군자를 포기하지 않은 게 얼마나 다행이에요? (부러운 목소리로) 동서는 참 좋겠다. 서방님이 성인군자가 되신다고 하니.

아내   그 말을 아직 이해하지 못하셨어요? 자기 뜻대로 하겠다는 소리 아닙니까?

형수   호호! 그런 말인가? 동서도 철학자와 같이 살다 보니 철학자가 다 된 것 같네.

지연씨   사물에 대한 인식의 차이로 당신 생각과 내 생각이 완전히 같아지기는 어려운 일이지만, 그래도 가능한 한 서로 화합할 수 있도록 노력하겠소.

작은형 (달래듯이) 제수씨, 그 말은 동생이 군자(君子)를 아직 포기하지 않았다는 뜻입니다.

아내   (불안한 표정으로) 그래도 '생각이 같아지기 어렵다'라는 말이 마음에 걸리네요.

지연씨   (신호등의 빨간 불을 보고 차를 멈추면서) '생각이 같다'라는 말은 어느 한 부분에서만 가능하거나 한쪽이 그렇게 맞춰주는 것뿐이지, 둘 다 바보나 도통한 사람이 되지 않는 한 매사에 같아질 수 없는 법이오. 당신이 평생 그래 왔듯이 이제는 내 주파수를 당신의 그것에 맞추도록 노력하겠소.

철학사를 공부하는 일

지연씨는 일찍이 서울에서 교육대학을 졸업하고 교사로 직장 생활을 시작했다. 그때 같은 과에서 공부했던 남학생들만 졸업 후에도 지금까지 줄곧 모인다. 그 구성원 가운데는 교장이나 교감이 된 친구도 있고, 평교사로 근무하거나 퇴임한 사람도 있다. 어느 날 어떤 카페에서 있었던 모임의 대화이다.

박교사 　　(지연씨를 가리키며) 이 박사는 우리 학교 다닐 때 '철학연구회' 회원도 아니었는데, 졸업 후 다시 철학을 공부했다는 게 전혀 뜻밖의 일이여.

김교감 　　뭔 소리야? 도덕교육과에 입학했다는 게 사상이나 철학에 관심이 있었던 방증이 아닌가?

최교장 　　꼭 그렇지는 않아. 과를 선택할 때 나는 제1지망이 체육교육과였는데, 거기서 밀려 제2지망인 도덕교육과로 왔지.

지연씨   나도 마찬가지야. 제1지망이 음악교육, 도덕교육은
         제2지망이었고.

유교사   그럼, 우리 모두 제2지망 인생이었군. 흐흐.

심교감   아니네. 나는 도덕교육이 1지망이었네.

박교사   그런데 말이여. 이 박사는 음악교육을 제1지망으로
         했으면서, 사상이나 철학을 공부했다는 게 참 의외
         여. 더구나 '철학연구회' 회원도 아니었고.

지연씨   사실 '철학연구회'도 가입하고 싶었지만 '기독학생
         회'에 가입했네. 아마 당시의 신앙이 크게 작용했나
         봐. 두 가지를 하려니 시간이 모자라고. 게다가 내
         고등학교 한해 선배가 '영어교육회'에 회장이었는
         데, 거기 오라고 해도 못 갔지. (씁쓸한 표정을 지으며) 하
         여간 그놈의 신앙이 무엇인지…….

이교장   (안쓰러운 표정으로) 그 당시 이 박사 신앙이 장난 아니
         었지. 나와 같이 성경 공부와 기도도 많이 했는데.
         하여튼 그 철학인가 뭔가 하는 게 사람을 크게 바꾸
         는 모양이야. 교회까지 안 나가게 했으니.

박교사   이 교장은 교회 장로니까 그런 말을 하지만, 이 박

사는 또 다른 생각이 있었겠지. 그 어렵고 골치 아
픈 철학을 공부한다는 게 어디 쉬운가? 그걸 덤빈
데는 무슨 까닭이 있었을 거.

지연씨   철학이 어렵고 골치 아팠다고?
박교사   '철학연구회'에서 활동할 때 서양철학을 공부했지.
　　　　　소크라테스에서 플라톤 좀 하다가 건너뛰고, 데카
　　　　　르트나 칸트 등을 공부했는데, 당최 무슨 소린지 모
　　　　　르겠더라고. 어떤 때 알 듯하다가도 시간이 지나면
　　　　　까먹고 그랬어. 그래서 요즘도 그런 철학 개념을 잊
　　　　　지 않으려고 독서도 하네.

지연씨   대단하네! 이 나이까지 공부를 계속하다니!
심교감   사돈 남 말 하시네. 이 박사는 철학을 전공하면서
　　　　　도, 공부하지 않는 사람처럼 말하는군. 철학이 어려
　　　　　우니까 대부분 사람이 알려고 하지 않아.

지연씨   (머리를 끄덕이며) 그런 점이 분명히 있지. 남의 철학을
　　　　　이해하기 어려운 점은 당연하네. 그걸 피하려면 일
　　　　　단 철학을 이론으로만 보지 말고, 삶을 그렇게 표현

했다고 생각해 보게. 어떤 철학이든 그것이 탄생한 해당 지역의 문화와 시대의 배경이 있고, 그 철학자의 삶이 녹아 있거든. 우리가 서양 사람도 아니고, 그 시대의 고민이 무엇인지 잘 모르는 상태에서 해당 철학을 이해하려고 하니, 머리가 여간 아프지 않았겠나? 하지만 이렇게 굳이 남의 철학을 어렵게 이해하지 않더라도 쉬운 길도 있네.

최교장   쉬운 길이 있다니? 철학책을 읽지 않더라도 쉽게 아는 길이 있다는 식으로 말하는군.

지연씨   비유가 적절할지 모르지만, 자네들도 알다시피 불교의 종파 가운데 선종이 있었네. 그 선종이 탄생한 배경 가운데 하나를 알고는 있는가? 그게 말일세. 과거 중국인들이 한문으로 번역된 불경으로 석가의 말과 이론을 공부하려고 하니, 여간 골치가 아프지 않았던 모양이네. 흔히 말하는 불경 속에는 경(經)·율(律)·논(論)이라는 삼장(三藏)이 있는데, 그걸 다 공부하려면 어땠겠는가?

박교사   하긴 해인사의 팔만대장경을 생각해 보게. 죽을 때까지 읽어도 시간이 모자랄 거여.

지연씨   동감이네. 그래서 문자에 얽매이지 않고 부처의 경
         지를 깨달으려고 생긴 종파가 선종이인데, 대체로
         말하면 문자에 얽매이지 않고, 마음공부를 통해 자
         기의 본성에서 불성을 깨달아 성불하려고 한 거네.
         우리나라 선승도 그런 경우인데, 현존하는 유명 스
         님 가운데 『금강경』도 읽지 않은 분이 있다네.

이교장   (어이없다는 표정을 지으며) 그래도 그렇지. 그러면 쓰나?
         그건 목사님이 요한복음도 읽지 않았다는 말과 같
         은데.

지연씨   그 스님에게도 누가 그런 지적을 했나 봐. 그래서
         옆에 있던 누군가가 '스님 자체가 『금강경』인데 왜
         읽느냐?'라고 대꾸했다네. 그만큼 마음공부를 제대
         로 했다는 거지.

김교감   좋네. (참선하는 자세를 취하며) 이런 선종의 비유가 철학
         공부와 무슨 상관인가?

지연씨   당연히 관계가 있네. 아무리 불경을 많이 읽었다 하
         더라도, 이해 여부는 차치하고 석가의 말을 깨달아
         성불하지 못하면, 읽은 게 무슨 소용이 있겠나? 애

당초 스님이 되고자 했던 근본 목적에 부합하지 않기 때문이지. 마찬가지로 아무리 철학사를 교과서처럼 달달 외고 있다고 해서, 철학을 한다고 일컫기에는 뭔가 이상하지 않은가? 그걸 통해 철학 선생이나 인기 작가가 될지는 몰라도, 그 달달 외거나 이해한 내용이 해당 철학자가 말한 의도와 정확히 일치하는지도 알 수 없는 일이지만, 또 그것이 각자의 삶과 무관하다면 무슨 소용이 있겠는가?

이교장 철학자가 되려면 스님처럼 성불하라는 건가?

지연씨 비유로 말했네만, 철학자가 되려면 남의 철학을 앵무새처럼 되뇌어서 될 일이 아니라, 자기만의 철학이 있어야만 한다는 거네. 가능하면 그것도 설명이 아니라 몸소 행동으로 증명해야 하고.

박교사 자네 논리라면 평생 철학사만 공부한 사람들은 철학자가 아닌 걸로 들려. 그 대신 철학사를 깊이 연구해 전문적 학술 논문을 쓰지 않았더라도, 현대의 유영모나 함석헌 선생 같은 분은 자신의 특이한 사상을 드러냈으므로, 철학의 관점에서만 한정해 본다면, 철학자라고 할 수 있겠다는 거로구먼. 문학사를 몰라도 작품을 내는 문학가처럼 말이여.

지연씨 그분들의 사상에 철학의 관점이 풍부하면 그렇게 부를 수 있겠지. 다만 평생 철학사만 공부했더라도 어떻게 했느냐가 중요하네. 그래서 철학자가 될 수도 있고 안 될 수도 있고.

이교장 (목소리를 약간 높이며) 되면 되고 안 되면 안 되는 거지 무슨 대답이 그런가?

지연씨 그건 공부 방식에 따라 갈리지. 과학자가 물리 현상을 연구하려면 기초과학을 몰라서는 안 되고, 의사들도 병을 치료하려면 의학의 기초 지식을 알아야 하네. 마찬가지로 철학자도 자신이 연구하는 이론의 성격을 알려면, 적어도 철학사를 통해 이전 철학에 대한 이해가 선행되어야 하지 않을까?

박교사 (머리를 끄덕이며) 철학에 대한 기본 지식이 있어야 철학을 제대로 할 수 있다는 말이구먼.

지연씨 그렇네. 또 그것만도 아니지. 사실 이전 철학이라 하더라도 지금 제대로 이해하려면, 각자가 연구해서 현실에 맞게 해석할 수밖에 없는데, 그 해석에 독창성이 있고 보편성이 있다면, 그 자체가 그 연구자의 철학이기도 하지. 그 대표적 인물이 조선 선비들이 주자(朱子)라고 불렀던 남송의 주희(朱熹)라는 철학자고. 그는 공자와 맹자 등의 이전 유학 사상을 자기 시대에 맞게 해석하면서 성리학의 한 갈래인 주자학을 탄생시켰네.

박교사   그럼, 남의 철학을 독창적으로 해석만 해도 철학자가 될 수 있다는 얘기구먼.

지연씨   그렇네. 현대의 대부분 철학자도 대개 과거의 철학을 현대에 맞게 해석하는 이런 방식을 답습하지. 이는 과거의 철학이라 할지라도 삶의 개선을 위해 반드시 거치는 과정이네. 그 또한 과거의 철학 없이 독특하고 새로운 철학을 만들기가 어렵기 때문이고.

심교감   (진지한 표정으로) 그럼 철학사를 공부했어도 철학자가 될 수 없다는 말은 또 무슨 뜻인가?

지연씨   간단하네. 철학을 공부하는 목적에 현실의 삶을 개선하고자 하는 의도가 없이, 단지 철학 지식을 자랑하거나 호구지책을 위해 공부한 사람들이 여기에 해당하네. 드물게는 이전 철학을 해석할 능력이 없어 남이 해석한 여러 학설을 앵무새처럼 되뇌며 학생들에게 전달하거나 자기 이론도 없이 책을 쓴 사람들이겠지. 주변에도 더러 있는데, 보통 사람들은 그런 자들도 철학자라 불러 주지.

김교감　(참선하는 자세를 일부러 취하며) 그럼 선승처럼 문자를 버리고 직접 깨달으면 될 일이 아닌가? 굳이 이전 철학을 현실에 맞게 해석해야 하는가?

지연씨　좋은 질문이네. 거기에는 공통점과 차이점이 있지. 먼저 공통점은 선승이 부처의 본마음을 깨닫고자 하는 배경은 역시 현실의 삶에서 출발하네. '왜 우리의 삶이 이런가?' 또는 '나는 누구인가?'에서부터 시작하지.

박교사　그러니까 철학자도 세상의 이치와 현실 부조리의 근원이 무엇인지 그 해결책이 어떤 건지 지혜를 찾고자 하는 거로군. 그 차이점은 또 뭐 겨?

지연씨　불교는 종교이므로 교조가 말한 본질을 획득해야

하므로, 깨달은 내용이 대동소이하여 독창성이 권장될 수 없네. 그걸 인정하면 불교가 아닐 수도 있겠지. 그와 달리 철학은 독창성이 풍부하면 좋기는 해도, 거기에 보편성이 있는지 논리상 문제가 없는지 또 모방하지 않았는지 현실 적용에는 문제가 없는지 살펴야 하네. 그래서 선승은 그 깨달음의 경지를 본인만 느끼고, 말로 자세히 전할 수 없다는 게 보통이지만, 철학은 명쾌한 언어로 진술해야 하고.

박교사   그러니 뭐냐 아무리 철학 지식을 많이 쌓아도 현실의 삶에 무관한 사람은 철학사를 가르치는 사람은 될 수 있지만, 진정한 철학자가 될 수 없다는 말이구먼. 삶의 문제에 관심 없는 보통 사람은 남이 만든 철학을 이해하자니 자연히 어려울 수밖에 없어 공리공담이라 여길 게고. 게다가 남이 쓴 철학책 몇 권을 겨우 읽었다고 철학을 안다고 말하기도 어렵고.

지연씨   (엄지를 치켜세우며) 정확한 지적이네. 누구의 철학이든 현실의 문제를 진지하게 생각하고 해결하려 했는지 따져봐야 하네. 그것이 문제해결에 적합할지 어떨지는 별도의 문제로 두더라도 말일세. 그런 식으로 해당 철학을 이해한다면 생각보다 어렵지는 않네.

이교장   기독교와 비슷하군. 성경 지식이 아무리 많아도 예수님의 가르침을 믿고 따르는 신앙이 없다면 기독교인이 아니듯이, 철학도 지식만이 중요한 게 아니라 현실의 삶과 무관해서는 안 된다는 말이군.

지연씨   다른 점도 있네. 기독교는 정통 교리와 다른 이론을 가지면 이단이라 정죄하지. 하지만 철학자는 이와 달리 자기 이론이 있어야 하네. 그마저도 독창성이 강해야 하고.

박교사   (머리를 갸우뚱거리며) 하지만 현실의 문제와 씨름한다고 해서 다 철학은 아닐 거여.

지연씨   그 또한 맞는 말이네. 현실의 문제를 어떤 방식으로 고민하는가의 문제지. 그걸 위해 신앙에 따른 실천을 개입시킨다면 종교가 될 것이고, 생활에 필요한 강력한 규칙을 원한다면 법률이 되겠지. 이같이 현실을 고민하는 데에도 철학의 영역이 있지만, 여기서 말하기에는 시간이 부족하네.

박교사   (실망한 투로) 그걸 모르는 바는 아닌데, 철학의 영역에
        해당하는 내용을 고민했어도 모두 철학이 될 수 있
        는지는 알 수 없네그려.

지연씨   (차를 한 모금 마신 뒤) 고민하는 그 사람의 철학이긴 하
        지. 크게 문제 될 것은 없네.

박교사   (약간 큰 소리로) 그럼. 아무나 철학자가 될 수 있다는
        말이 아닌겨?

지연씨   오해하지 말게나. 본인이 철학사를 깊이 연구하지
        않았어도 후대의 학자들이 그 사람의 사상에 정합
        성과 보편성과 독창성이 있는지를 분석해서 평가해
        주지. 고등 종교 교주의 사상이나 철학이 그런 경우
        네. 그러니 철학사를 알든 모르든 상관없이 자유롭
        게 자기의 생각을 어딘가에 논리에 맞게 토해 놓는
        다면, 그 사람의 철학이 아니겠는가?

최교장   뭐가 되었든 독창성이 중요한 것은 예나 지금이나
        마찬가지로군. 학교에서 창의성 교육을 무척 강조
        하고는 있지만, 아이들이 제대로 자랄지는 우리 교
        육 환경으로 봐서 나도 장담할 수 없네.

유교사   (최 교장을 바라보며) 최 교장은 평교사 시절에 말 안 듣
        는 아이들을 혼낸 적이 있는가? 그게 창의성을 죽이
        는 교육일 수도 있네. 시키는 대로 하는 게 다 좋은
        것만은 아니거든. 아이들이 말을 안 듣는 것은 달리
        생각해 보니 독창성을 향해 가는 자기만의 길이라
        는 생각이 드네. 누구든 경직된 틀 속에 갇히면 죽
        음을 향해 가고, 그것을 벗어나 유연하고 자유롭게
        행동하면 생명을 향해 전진한다고 믿게 되었네. 어
        떤가? 이런 생각도 모이면 철학이 되겠지?

김교장   (미소를 띠며) 진정한 철학자가 여기 계셨네.

모두   (크게) 하하하!

낡았어도
꼭 알아야 하는
논쟁

진화냐 창조냐

형이상학이 허구라고?

설계된 자연법칙

신이 있다면 무엇으로 이루어져 있을까?

네 앎을 의심하라

진화냐 창조냐

지연씨는 친구 김반석을 다시 만났다. 그날도 토요일 오후 서울 광화문 근처였다. 지연씨는 공부 모임이 끝난 뒤였고, 그 친구는 '태극기 집회'가 끝날 무렵이었다. 두 사람은 근처 식당에서 저녁 식사를 하면서 대화를 나누었다.

김반석   잘 있었는가? 얼굴이 좋아 보이네. 턱수염도 지난번 보다 더 매력 있어 보이고.

지연씨   (오른손으로 턱을 쓰다듬으며) 그래봤자 남의 관심 끌려고 기르는 일은 절대로 아니네. 이렇게 짤막하게 기르는 이유라도 알고 싶은가?

김반석   글쎄. 남에게 매력 있게 보이려고 하는 게 아니라니 더 궁금하군.

지연씨   기분 나쁘게 생각하지 말고 듣게. '태극기 모독 집 회'에서 광분하는 저런 노인들과 달라 보이려는 몸부림이네. 젊은이들이 나이 든 사람들을 무조건 싸잡아 저 '태극기 부대'의 '꼰대'들로 오해하니까.

김반석 그것과 턱수염이 무슨 상관인가?

지연씨 상관있지. 나름 턱수염을 멋있게 관리하는 사람치고 냉전 시대의 낡은 이념 따위를 생각 없이 따르는 사람들과는 다르지. 믿거나 말거나.

김반석 (화난 소리로) 뭐라고? '태극기 집회' 참가자들을 부화뇌동하는 인간쯤으로 모독하지 마라. 모두 나라의 장래를 진심으로 걱정하는 애국자들이야.

지연씨 '애국한다'라는 의도만은 진실일 수 있네. 내가 생각 없다고 말한 이유는 미국 대통령이 방위비 분담을 턱없이 올려도 찍소리 못하면서 그 나라 국기는 왜 드는가? 요즘은 이스라엘 국기도 보이던데.

김반석 미국은 6·25 때 우리를 도와준 혈맹이잖아? 설마 그걸 부정하지는 않겠지? 방위비 분담은 미국이 주둔하면서 우리를 지켜주는 대가라고 생각하게. 이스라엘 국기는 나도 잘 모르겠네.

지연씨   글쎄. 그렇다 쳐도 그건 노예근성에 찌든 맹목적 사
        대주의를 스스로 증명하는 꼴이야. 그리고 이스라
        엘 국기까지 드는 일은 분명 지성에 반하는 행위고.
        구약성서를 문자로만 믿는 일이 그렇듯이. 그러니
        까 이 집회는 적어도 '극우 보수'와 '엉터리 기독교'
        와 관련되어 있어. 특정 이념의 맹목적 추종이지.

김반석   기독교인들을 줏대 없고 맹목적이라고 모독하지 마
        라. 자기주장이 뚜렷하고 나라와 민족을 위해 기도
        하는 신앙인이 얼마나 많은데…….

지연씨   그 말 완전히 부정하지는 않겠네. 그런데 기독교 언
        급에 자네가 왜 발끈해? 고등학교 다닐 때 나더러
        교회 다닌다고 놀렸던 자네가 아니었나?

김반석   그랬었지. 근데 결혼 후 아내를 따라 교회에 나갔
        어. 독실한 신앙인이라고 하면 부끄럽지만, 신앙생
        활만은 열심히 하고 있다고 자부하네.

지연씨   (비웃는 말투로) 늦게 배운 도둑질에 날 새는 줄 모른다
        고 나중에 믿는 놈들이 꼭 이렇다니까. 나를 봐라.
        일찌감치 교회를 우등생으로 졸업했지.

김반석   (놀라듯이) 아니? 그럼. 자네는 신앙을 버렸다는 말인
        가? 노후에 신앙은 꼭 필요하네.

지연씨   글쎄. 만약 내가 신앙을 다시 가진다면, 무조건 주
        인님만 믿고 따르는 노예 같은 신앙인은 아닐 거야.
        이런 나를 자네는 교만하다고 하겠지?

김반석   피조물 주제에 그렇게 말하면 당연히 교만하지. 신
        앙이란 하나님 앞에 겸손해지는 거야. 하나님과 만
        물과의 관계는 창조주와 피조물의 그것으로 절대로
        포기할 수 없는 기독교의 정체성이고.

지연씨   그런 생각은 고대인의 신화적 표현을 문자 그대로
        따르는 데서 나온 문제라고 보네. 창세기의 창조설
        과 우주관을 글자대로만 이해한다면, 현대인들에게
        설득력이 떨어져. 여러 문화권의 창조 신화는 대체
        로 신화로만 인정하는데, 유독 창세기의 그것만 사
        실로 믿는 게 말이 되는 소린가?

김반석   현대 신학자들 가운데도 과학을 수용하면서 그것을
        신화로만 보는 경향이 있지. 나는 아직 그런 입장은
        아니야. 그렇다면 자네는 진화론을 따르는가? 아직

도 숲속에서 인간으로 변한 원숭이가 나타날 것이라 믿는가? 도대체 그 증거가 어디에 있는가?

지연씨 　자네 정말로 내 동창생이 맞는가? 설마 진화론을 모르고 그렇게 무식하게 말하지는 않겠지? 진화의 과정은 긴 시간이 필요하고, 공통 조상에서 자연선택에 따라 일정 방향으로 진행되었기에 다시 어떤 동물이 인간으로 진화할 가능성은 없네.

김반석 　그런가? 창조적 진화론도 있지만, 나는 그것도 따르지 않네. 진화론은 애초에 없던 생물의 종이 생겨나는 점을 인정하므로, 사물의 종이 하나님이 창조한 상태로 그대로 있다는 관점이 무너지게 되네.

지연씨 　사실 창조설과 유사한 철학 관점에는 형이상학이라는 게 있지. 현상 너머에 과학으로 파악할 수 없는 사물의 본질이나 원리가 원래부터 정해져 있다는 생각[이 책에서 말하는 형이상학은 모두 이런 의미]으로, 이것이 창조론을 믿는 신학을 뒷받침해 왔고. 진화론을 받아들인다면, 이 형이상학도 무너지지. 그래서 나는 그것을 믿지 않아.

김반석   그럼. 자네는 창조설도 형이상학도 안 믿으니, 유물
         론 철학을 하는가?

지연씨   형이상학이 아니면 유물론이라고 규정하는 것은 이
         분법적 사고야. 나는 형이상학이나 고전적 유물론
         어느 쪽도 따르지 않아.

김반석   (목소리를 약간 높이며) 자네의 철학은 어느 쪽인가? 이쪽
         도 저쪽도 아니고.

지연씨   이쪽 아니면 저쪽으로만 규정하는 일도 우리 세대
         가 교육받은 냉전 시대 편가르기 이념의 고약한 폐
         해야. 내게는 나만의 철학이 있지. 남들이 그것을
         뭐라고 부르든 상관없이 기존의 그것과는 다르네.

김반석   (목소리를 낮추며) 나도 모르게 말이 나왔네만, 그래서
         그 다르다는 게 뭔가?

지연씨   간단히 말하면 나의 철학이지. 모든 존재의 근거로
         서 만물을 이루는 가장 기초가 되면서 영원불멸한
         것은 '생기(生氣)'라고 말하고 싶네. 그것이 진화해서
         생명 현상과 정신 현상을 가진 생물과 인간이 출현
         했지. 곧 만물은 그것이 모여서 이루어진 거고.

김반석   생기발랄하다고 할 때의 그 생기를 말하는가?

지연씨   그렇네. 그냥 기이지만 변화와 진화가 가능한 그 운동성을 강조해서 생기라 부르고 싶고.

김반석   하지만 기는 물질이 아닌가? 도대체 죽은 물질에서 어떻게 생명과 정신이 나올 수 있는 건가?

지연씨   기를 죽은 물질로만 보는 건 서구 전통의 사고 영향에 따른 완전 오핼세. 서양 고대에도 기와 유사한 것이 있었지만, 그 뒤 주류 철학의 물질 개념은 통상 죽어 있는 질료로서 만물을 구성하는 재료의 개념이 강하고, 그 운동의 원인과 목적을 설명하기 위해 반드시 신이나 형이상학을 등장시키지. 하지만 기의 외연을 말하면 질료의 근거만이 아니라, 에너지나 힘 그리고 생명이나 정신 현상까지 포함하네. 이제 물질의 최소 단위도 원자가 아니라 더 작은 단위로 나눠지고, 물질과 에너지와의 경계도 허물어졌고. 자네가 말한 물질은 우리 전통에서는 기가 모여서 이루어진 질(質) 또는 형질(形質)이라 불렀네.

김반석   그럼 자네 말대로라면 돌이나 바위 같은 무생물에도 생명과 정신의 요소가 있다는 말 아닌가?

지연씨   그것도 오해야. 적어도 정신은 신경계가 있어야 등
장해. 그러니 나는 생명이나 정신 현상이 있으려면,
먼저 기가 엉겨서 이룬 몸체가 생겨야 한다고 보네.
곧 고분자 물질에서 어떤 조건에 따라 창발(創發)된
현상이 생명이며, 거기에 신경계가 생기면서 정신
이 발현했다고 보지. 이런 점을 굳이 유물론이라 딱
지 붙인다면, 나로서는 감수할 수밖에 없네.

김반석   그렇다면 생기를 생명체나 인간에게만 한정해서 말
해야지, 근원인 기 그 자체로 굳이 환원할 필요가
있는가? 순전히 환원론적 생각이지 않은가?

지연씨   그렇지 않네. 만물은 기가 진화해서 이루어진 것인
데, 만약 기 자체의 운동에 생명이나 정신이 출현할
변화 가능성마저 애초에 없었다면, 어찌 그런 일이
있을 수 있겠는가? 마치 씨앗이 싹터 자라 참외나
오이 같은 열매를 맺듯이 말일세.

김반석   씨앗의 비유를 듣고 보니 자네가 말하는 기랄까 물
질의 진화에는 방향이 있네그려. 그런 점에서 진화
의 배후에 진화의 이끄는 원리나 존재가 반드시 있

어 보이는데?

지연씨 날카로운 지적이지만, 예를 든 씨앗은 가능성에만 한정한 것이네. 사실 진화에는 정해진 방향은 없고 순전히 우연의 소산이고. 주변 환경에 따라 생물이 멸종하든지 진화하든지 결과가 얼마든지 바뀔 수 있지. 그 방향이 어떻든 물질이 스스로 운동하여 진화한다는 점에서 죽은 질료로 보기는 어렵고. 그래서 나는 생명이나 정신이 발현할 그 진화의 가능성까지도 콕 집어서 생기로 규정하지. 그런 기에 곧장 생명과 정신이 들어 있다고 환원하고 싶지는 않네.

김반석 자네의 논리대로 보면 현재로서는 진화의 정점에 인간이 있는데, 진화가 끝이 없다면 먼 미래에 인간은 또 무엇으로 진화할 것 같은가?

지연씨 그건 인간 중심의 사고네. 그걸 따른다면 신이든 악마든 또 무엇으로 진화하겠지. 인공지능형 인간도 그 가운데 하나고. 그것도 어차피 전기와 물질로 이루어졌고 인간이 창조한 것이지만, 인간이 사라져도 그 역할을 이어받아 계속 살아남을 수도 있겠지. 비록 생물의 그것과 메커니즘은 달라도, 에너지원이 충분하다면 영생하는 쪽으로 진화하지 않을까?

김반석   너무 끔찍하고 허무한 미래가 아닐까?

지연씨   그야 뭐 생각하기 나름이지. 어차피 지구와 태양계
        가 유한하다는 실제 사실을 받아들인다면, 굳이 자
        네가 말하는 그런 신이 없더라도 삶을 긍정하고 죽
        음의 두려움을 극복하지 못할 방법이 전혀 없는 것
        은 아니라고 보네.

김반석   정말 그럴까? (머리를 저으며) 나는 아무래도 물질이든
        생기든 거기에 생명이나 정신의 요소가 발현할 가
        능성이 있다는 생각을 절대로 받아들일 수 없어. 생
        명과 정신은 하나님만이 부여할 수 있으니까.

지연씨   그런 비합리적 신념을 누가 막겠는가? 물질과 정신
        을 물과 기름처럼 만든 사고방식이 원래 서양인들
        의 특징이었지만, 그들 가운데는 그런 틀을 진작 버
        린 사람들이 많아. 이제는 도리어 자네 같은 사람들
        이 지금의 서양인들보다 더 이분법적 태도를 지닌
        것처럼 보여. 어쨌든 나는 기에 생명과 정신 현상을
        지닌 사물로 진화할 가능성을 다 갖추고 있어서, 지

구가 아닌 다른 별에서도 그 조건에 맞는 생명체가 있고, 또 정신 현상도 발현할 수 있다고 보네. 누가 만들지 않아도.

형이상학이 허구라고?

지연씨는 한 달에 한 번씩 서울 조계사 근처에서 불교와 과학 공부를 한다. 참여자는 스님, 과학자, 철학자들이다. 공부 내용은 불교의 논리와 과학의 유사성, 동양철학의 세계관과 논리 등이다. 오늘은 그동안 공부한 내용을 가지고 종합 토론하는 날이다. 다음이 그 일부이다.

사회자 　지금까지 불교의 논리와 과학원리의 유사성을 공부
　　　　해 왔습니다. 먼저 만물에 대한 과학의 관점을 간략
　　　　히 요약해 주시겠습니까?

과학자 　만물은 물질의 운동에 따라 형성되었습니다. 우리
　　　　몸과 지구를 구성하고 있는 대부분 물질은 태양보
　　　　다 큰 별에서 핵융합으로 만들어지고, 그것이 붕괴
　　　　하고 폭발하여 우주에 떠돌다가 지구가 형성될 때
　　　　중력에 이끌려 들어온 것입니다. 게다가 원시 지구

의 환경도 지금과 판이하였습니다. 지구 대기가 지금처럼 산소와 질소가 알맞게 배합되어 생물이 살기 알맞게 된 것은 원시 생물의 덕택입니다.

스님 (맑고 낭랑한 목소리로) 그러니까 이러한 사실은 원래부터 정해진 사물이 없다는 말이지요?

과학자 그렇습니다. 생물도 진화의 산물이어서 애초부터 사람·개·사과·물고기 등으로 정해진 사물은 어디에도 없었습니다. 물론 우주도 진화하고 있습니다만.

스님 애초부터 정해진 사물이 없다는 가르침을 불가에서는 제법무아(諸法無我)라 합니다.

지연씨 예. 그건 만물은 실체가 없다는 뜻이 되겠네요. 불교와 과학의 관점에서 보면, 사물의 실체를 인정하는 형이상학은 허구라는 뜻이 아닐까요?

스님 맞습니다. 일단 보이는 만물은 인연 따라 생겨났다 인연 따라 없어질 뿐입니다.

사회자 지금 말하는 저도, 듣고 있는 여러분도 있고 (탁자를 가볍게 두드리며) 이 테이블도 있는데, 실체가 없다는 말이 얼른 이해되지 않습니다.

스님   그러시겠죠. 지금 눈앞에 있는 사람이나 물건의 실물이 당장 없다는 뜻은 아닙니다. 말하고 있는 저도 분명히 있지요. 하지만 저를 비롯한 만물은 시간이 지나면, 제 모습을 유지한 채 영원히 존재하는 것은 하나도 없다는 뜻입니다. 불가에서는 시간을 무한대로 놓고 생각하지요.

사회자   그렇다면 만물이 인연, 곧 인과 관계에 따라 생멸한다는 사실을 과학으로 입증할 수 있습니까?

과학자   당연하지요. 가령 물은 실체가 없습니다. 물 분자 하나가 되려면, 수소 원자 두 개와 산소 원자 하나가 결합해야 하는데, 만약 수소와 산소가 결합하지 않았다면 물은 원래 없는 것이지요. 원자 그 자체도 더 쪼개 보면 더 작은 복잡한 구성 요소로 되어 있지요. 생명체도 그렇습니다. 고분자 단계의 물질이 결합하여 생명 물질을 만들고, 그 생명 물질의 결합이 일정한 조건에 맞을 때 생명이 탄생했습니다. 이런 결합의 조건이라는 인과 관계가 없으면 생명도, 지금의 우리도 없는 것이지요. 모든 게 상호작용 곧 인과법칙의 소산입니다.

스님 (미소를 띠며) 이런 것을 불가에는 또 다른 말로 성주괴
공(成住壞空)이라 부릅니다.

사회자 쉽게 풀이해 주시겠습니까?

스님 어떤 물건이든 원래 없었는데 인연에 따라 이루어
지고 잠시 머물렀다가 붕괴하여 다시 공으로 되돌
아간다는 뜻입니다. 우주에서 별이 생성되어 빛을
내다가 소멸하는 과정도 그런 이치이지요. 우리 지
구와 태양도 예외가 될 수 없지요.

지연씨 저는 만물의 실체가 없다는 말에는 동의하지만, 적
어도 과학은 탐구 대상으로서 최소 물질, 그 형태야
어떻든 그 자체를 불교처럼 공으로 볼 것이 아니라
실체로 인정해야 한다고 봅니다만…….

과학자 그렇습니다. 과학 법칙이 불교의 세계관과 상당히
가깝지만, 적어도 물질이 실제로 우주를 구성하고
움직이는 실체라고 인정해야 탐구가 가능합니다.
물론 물질을 원자나 분자 정도로만 이해하면 곤란
합니다. 그것들도 더 작은 것으로 이루어져 있기 때

문입니다. 하여튼 또 뭐라 부르든 간에 아무리 작은 것이라도 해도 '있어야'만 과학의 대상이 됩니다. 그래서 공(空)을 독자성이 없는 '알 수 없는 무엇'이라고 하면 몰라도, 그야말로 '아무것도 없다'라는 뜻으로 이해하면, 과학과는 거리가 멀어집니다.

지연씨   스님께 묻겠습니다. 실체가 없다는 제법무아와 윤회설은 서로 충돌합니다. '나'라는 실체가 없는데, 어찌 전생과 후생으로 윤회할 수 있습니까?

스님   윤회사상은 복잡합니다. 불교가 생기기 이전부터 있었는데, 대체로 중생들을 진리로 이끌려는 방편으로 받아들였다는 설이 중론입니다. 불교의 경전에는 방편이 참 많습니다.

지연씨   (스님을 보며) 강을 건넜으면 타고 왔던 배를 버리듯 진리에 도달하는 데 도리어 방해된다면 버려도 된다는 뜻으로 들립니다. 방편으로 보니 훨씬 불법을 이해하기 편합니다만, 보통의 종교는 이런 방편을 진리 그 자체로 보니, 저로서는 매우 불편합니다.

스님   저도 그저 안타까울 뿐입니다.

과학자   동양철학을 공부하신 분께 묻겠습니다. 우리 전통
       에 있는 기(氣)를 실체로 보아 물질 대신 쓸 수 있는
       말이 아닐까요? 제가 이런 질문을 드리는 이유는 물
       질 개념이 생각보다 복잡하기 때문입니다.

지연씨   기철학에서는 불교의 성주괴공처럼 기가 모여 만
       물이 되었다가 다시 흩어져 원래의 기로 되돌아간
       다고 설명합니다. 그것을 기의 '취산'(聚散)이라 부
       르며, 큰 틀에서 불교나 과학의 논리와 별반 다르지
       않습니다. 다만 공(空)을 기로 본다는 점만 다르지요.

과학자   우리 은하계에도 블랙홀이 존재하는데, 지구도 블
       랙홀의 한 부분이 된다면 지름이 1cm 크기로 압축되
       어야 합니다. 이로 보아 블랙홀의 존재는 우주를 구
       성하는 물질이 텅 비어있다는 점을 말해줍니다. (머
       리를 갸우뚱하며) 그런 맥락에서 기가 우주의 기초를 이
       루고 있다는 말이 이해가 안 됩니다.

지연씨   그 점은 기를 기존의 물질과 같다고만 보는 오해입
       니다. 사실 기는 기체와 그보다 작은 단계의 물질,
       에너지, 힘 등을 포괄하는 용어이므로 현대 과학의
       원자 이하의 단계에 등장하는 복잡한 물질 개념도

포섭할 수 있습니다. 그러니까 블랙홀이 텅 비어있 겠지만, 거기에는 큰 압력이나 에너지 등이 작용하 지 않을까요? 다만 기를 기존 뉴턴 과학에서 다루었 던 물질과 같이 보는 데는 걸림돌이 하나 있습니다.

사회자   전통의 기를 현대 과학과 관계 짓는 일이 좀 생소합 니다만, 그게 어떻게 가능합니까? 그 걸림돌이 뭔지 더 궁금하기도 하고요.

지연씨   전통의 기 개념에는 생명과 정신의 특징도 포함되 어 있습니다. 그래서 생기(生氣)나 신기(神氣) 등의 용 어를 씁니다만, 생물과 인간의 경우에는 생명력이 나 정신이 있으므로, 이 용어를 쓰는 것은 과학과 일치합니다. 단지 원자나 분자 단계 이하와 무생물 까지 적용하는 것이 합당할지 모르겠습니다.

과학자   (단호한 어조로) 원자나 분자 및 무생물에는 해당하지 않음이 과학의 입장입니다.

지연씨   물론 그렇겠지요. 제가 볼 때 그런 입장은 현대 과 학의 세계관이 과거 서구 전통의 영향에서 벗어날 수 없었기 때문입니다.

과학자　무슨 말씀인지?

지연씨　서양 전통에서는 물질은 생명 없는 질료에 지나지 않습니다. 성서에 하느님이 흙으로 사람을 빚은 후 입에 생기를 불어넣었다는 신화나 중세 기독교가 받아들인 그리스철학의 질료와 형상 또는 육체와 영혼의 관계에서 선명하게 드러납니다. 그 영향으로 생명 또는 영혼 없는 물질을 인간 마음대로 조작할 수 있다고 생각하였고, 그게 또 과학 혁명이나 산업 혁명 발생의 밑바탕이 되었는지는 모르겠습니다만.

스님　서구 전통의 물질과 기 개념에 약간의 틈이 있는 것은 분명합니다. 옛날 원효 대사처럼 각자의 관점을 모아 서로 통하는 회통(會通)이 가능할까요?

지연씨　글쎄요. 저는 기에 생명력이나 정신성이 있다는 관점은 인간이나 생물을 그 모델로 규정했거나 아니면 실제로 그렇게 생각했을 수도 있습니다. 아무튼 논리로 보면 생명은 그저 무작정 탄생했다고 볼 수 없습니다. 물질이 그렇게 진화할 가능성, 곧 조건만 맞으면 생명과 정신이 창발되는 방식으로 운동할

가능성을 배제하면, 아무리 인과 관계를 맺어도 불
가능하다고 봅니다. 예컨대 씨앗이 아닌 돌멩이를
심은 후 아무리 물을 주고 온도를 조절해도 싹터 자
라지 않는 현상과 같다고나 할까요.

사회자   과학의 입장에서는 물질이나 기를 실체로 인정하자
는 점에서는 대체로 동의하는 것 같습니다. 만약 과
학에서 물질의 진화 가능성을 인정한다면, 아니 논
리로 보나 경험으로 봤을 때 안 할 수도 없지만, 생
기나 신기라는 용어도 물질의 진화 가능성을 두고
재규정했다면, 논리상 문제가 없어 보입니다.

과학자   물질의 진화 가능성을 인정한다면, 종래의 서구 전
통의 물질관은 분명히 문제가 있네요.

사회자   그렇기는 하지만 기를 말할 때 과거에 사용하던 음
양이나 오행 등의 개념과 현대 과학은 맞지 않은 듯
합니다. 이런 점을 어떻게 처리해야 하지요?

지연씨   약간의 오해가 있는 듯합니다. 제가 기를 말한다고
해서 우리 전통에서 사용하던 그런 개념을 고스란
히 따를 것이라는 오해가 그것입니다. 음양오행은

이미 근대 전환기에 기철학자들에 의해서 극복됩니다만, 과학이 아닌 철학이나 예술이나 문학 또는 한의학 등에서는 여전히 유효하다고 봅니다. 그 분야에 적용되는 일종의 인식과 사유 체계로서 문화와 의술을 구성하는 요소니까요.

사회자　좋습니다. 어쨌든 물질이나 기를 존재의 근거로 인정하더라도, 적어도 불교의 수행관과 서로 어긋날 것 같지는 않습니다만, 스님께서는 어떻게 생각하십니까?

스님　기나 물질 그 자체만 제외한다면 모든 것이 실체가 없다는 뜻이니, 불교에서 원래 의도한 가르침과 크게 어긋나지 않지요. 그런 세계관에 따라 생각이나 태도의 변화를 일으키는 일은 많이 있습니다만, 그 가운데 하나가 인간 사후의 문제입니다. 사람이 영생하려는 욕망은 영원히 불변할 것이라고 믿는 현재의 자아에 얽매인 망상이므로, 나라는 존재 자체가 원래 실체가 없고 인연에 따라 형성되었다는 사실, 나아가 그것을 극복한 더 큰 내가 있다는 점을 제대로 깨달으면, 자연히 사후 천당과 지옥 문제에 집착할 필요도 없고, 그 일 때문에 불필요하게 방편에 코 꿰어 끌려다닐 필요도 없지요. 단지 언어의 유희가 아니라 수행을 통해 제대로 깨닫기만 하면 그렇다는 뜻입니다. (합장하며) 나무 관세음보살!

설계된 자연법칙

지연씨는 옛 직장 동료들과 가끔 여행을 다닌다. 국내 여행을 다닐 때는 주로 승합차를 이용한다. 목적지에 도착할 때까지 차 안에서는 정치나 종교 이야기는 자제하고, 지난 추억담이나 잡담으로 시간을 보낸다. 그런데 이번에는 달랐다. 잡담보다 지연씨의 생각을 듣기로 했기 때문이다.

최교감   (승합차 핸들을 붙잡고 앞을 보면서) 그동안 여행하면서 재미나는 이야기를 나누었어도, 이 박사님의 철학을 들어보지 못했습니다. 철학자와 가까이 지내면서도 너무 무심했습니다.

지연씨   철학 얘기는 원래 사람들의 관심 밖의 일 아닙니까? 그냥 평소처럼 여행하시죠.

최교감   (진지한 표정으로) 아닙니다. 나이가 드니 노후에 철학이 필요하더라고요. 대부분 종교에 귀의하는데, 저는 종교 체질이 아니어서요. 다른 분들은 어떠세요?

이교장   저는 개신교 신자입니다만 철학 얘기를 듣고 싶어
        요. 종교에도 그 나름의 철학이 있거든요.

지연씨   전적으로 맞는 말씀입니다. 고등 종교가 철학의 도
        움을 받지 않았다면, 단순한 미신으로 전락했을 겁
        니다. 기독교 역사만 해도 수많은 이단 논쟁과 이론
        보강이 있었는데, 거기에는 항상 철학 문제가 개입
        했죠. 아니 중세에서 근대까지 서양철학 자체가 기
        독교의 영향과 무관하지 않죠.

황부장   (지연씨를 보며) 우리처럼 나이 든 사람에게 필요한 철
        학에는 어떤 것이 있을까요?

지연씨   글쎄요. 간단히 설명하기가 어렵습니다. 일단 우주
        나 자연이 어떻게 돌아가는지만 알아도, 노후 삶의
        태도에 큰 도움이 될 것 같습니다만…….

박부장   우주나 자연의 문제는 과학이 밝힐 문제라 보는데,
        어떻게 인간 문제가 관련됩니까?

지연씨   그것은 만물의 존재 근거와 운동과 목적에 관계되어

우리의 생각에 영향을 미칩니다. 다만 과학은 워낙 범위가 넓어서 모든 영역마다 밝힌 과학 지식을 종합해 인간이 가져야 할 태도를 설정하는 데는 한계가 있지요. 과학을 벗어난 철학의 관점이 개입되어서요. 물론 과학자가 그걸 못할 거란 뜻은 아니고요.

이교장   과학은 종교에도 관여해요. 저는 우주와 만물의 운동은 하나님의 섭리 때문이라고 들었습니다. 중세 후기와 르네상스 시기와 현대 과학의 뿌리도 자연 신학(Natural Theology)의 연장선에서 그 섭리를 파악하기 위해서 출발한 것으로 압니다.

지연씨   그렇습니다. 원래 자연 신학은 하느님의 계시가 아니라, 인간의 이성과 경험을 통하여 그의 뜻을 파악할 수 있다는 관점에서 시작한 신학입니다. 정통 신학의 보조 역할이죠. 그 배경에는 자연계를 지배하는 원리나 법칙 등이 하느님의 뜻에 따라 설계되었다는 겁니다. 철학으로 말하면 형이상학에 닿아 있지요. 하지만 저는 그런 자연물의 운동 원인과 방식을 누가 설계하지 않아도, 저절로 운동한다고 봅니다.

이교장   (머리를 갸우뚱하며) 그렇더라도 정해진 법칙이 있어야
        그것을 따라서 운동하지 않을까요?

지연씨   최근까지 일부 과학자들 가운데 비록 신의 섭리를
        믿지 않아도, 법칙 그 자체는 실제로 존재한다고 믿
        었습니다만, 저는 다르게 봅니다.

이교장   예를 들어 물이 100℃에서 끓는 법칙 말이에요. 하
        나님의 섭리로서 존재하지 않나요?

지연씨   그건 법칙이 실제로 존재해서가 아니라, 물이 주변
        환경과 관계하는 방식으로서 어떤 조건에 따라 물
        이 끓는 성질 때문이지요. 잘 알다시피 대기의 압력
        이 1기압보다 내려가면, 100℃ 이하에서도 물은 끓
        습니다. 법칙이란 어떤 이론 체계 안에서 물질이나
        사물이 어떤 조건 아래에서 다른 사물과 반응하는
        성질, 곧 사물에 의존하는 속성입니다. 사물이 없으
        면 그것도 없는 것이지요.

이교장   우리 인간에 관련된 예를 들어 주세요.

지연씨   경제학에서 '한계효용체감'이라는 법칙이 있습니
        다. 인간이 어떤 사물에 갖는 태도인데요, 인간이

없으면 그것이 존재할까요? 법칙은 해당 사물이 다른 사물과 상호 작용하면서, 그것에 의존해 발휘되는 성질입니다. 자연법칙이란 과학 이론 체계 안에서 적용되는데, 그 이론 체계란 실상 인간이 만든 모형이고, 자연에 실재하지는 않습니다.

이교장   여기에 개나 고양이가 있다고 합시다. 개나 고양이가 되는 이치와 본성이 있어서 개나 고양이라고 판단하지 않습니까? 만약 모양만 보고 말한다면 늑대를 개로, 살쾡이를 고양이라 할 것입니다.

지연씨   그건 사물의 본성이든 법칙이든 정해져 있다고 보는 관점입니다. 사실 생물은 계속 진화하기 때문에 그렇게 영원히 정해져 있지 않습니다. 당분간은 개나 고양이가 현재와 같은 본성을 발휘하겠지만, 개를 인간이 돌보지 않는다면 종국에는 들개의 본성을 회복할 것이고, 고양이를 너무 인간처럼 계속 돌본다면 더는 쥐를 잡지 않을 겁니다.

이교장   만물의 이치가 이미 정해져 있다고 전통 철학에도 다뤘으니, 이 박사님도 그걸 부정하지 않겠죠?

지연씨   과거 유학자들은 천리(天理)라고 하여, 윤리의 근거
         로서 이치가 자연의 원리로서 정해져 있다고 여겼
         지요. 그런데 사람이 없던 공룡시대라면, 윤리의 근
         거가 어디에 있었을까요? 화성에 있었을까요?

이교장   그럼 이 박사님께서는 사물의 법칙이 미리 정해져
         있다는 관점을 따르지 않는다는 말인가요?
지연씨   물론입니다. 재미있는 점은 중세 신학자들 가운데
         서도 사물의 법칙이 실체가 아니라, 사물에 의존해
         있는 속성이라 보았습니다.

이교장   (약간 큰 소리로) 그렇다면 사물이든 인간이든 우주든
         그것이 존재하는 목적도 없단 말입니까?
지연씨   글쎄요. 어려운 질문입니다. 고대 서양인들 가운데
         는 사물에 그 사물이 되게끔 하는 이치와 목적이 있
         다고 믿었는데, 그런 전통을 따라 기독교 신학에서
         도 하느님의 섭리와 관련지어 목적이 있다고 보았습
         니다. 만약 진화에 정해진 방향이 있다면, 그런 목
         적을 인정하겠습니다만, 현재로서는 어떠한 방향도
         밝혀진 게 없습니다. 다만 생물의 경우 각자 몸의 항

상성 유지와 유전자 전파가 그 자연스러운 목적이 되겠고, 특히 인간은 거기에 덧붙여 문명 또는 문화와 연관된 유의미한 목적을 스스로 설정하겠죠.

이교장 그렇다면 도대체 우주와 만물은 무엇에 따라 운동하고 있나요? (미간을 찡그리며) 내재한 속성이라 해도 막무가내로 운동하지는 않을 것 아닙니까?

지연씨 날카로운 지적입니다. 사실 그렇게 운동하지 않을 수 없는 필연성이 있습니다. 인과율도 그 가운데 하나지요. 굴뚝에 연기가 나는 까닭은 아궁이에 불을 땠기 때문이지요.

이교장 제 생각도 이것과 크게 다르지 않습니다. 원인의 원인을 파고들어 올라가면 최초의 원인이 있어야 하는데, 그게 바로 신으로서 하나님이라는 겁니다.

지연씨 옛날 그리스의 어떤 철학자도 그렇게 생각했지요. 훗날 신학에서 그 이론을 따라 그가 말한 신의 개념을 하느님으로 대체했지요. 어쨌든 저의 철학에서는 최초의 원인자를 가정하지 않습니다. 모든 존재의 근거인 기(氣)는 시작도 없고 끝도 없이 항상 스스

로 운동하고 있다고 말할 수밖에 없습니다. 운동의
원인은 물질 그 자체에 있다고 보는 거지요.

황부장   (갑자기 툭 튀어나오며) 두 분께서만 열심히 토론하시네
요. 사실 이런 문제는 종교와 관련되면 평행선처럼
달려 답이 없어요. 이렇게 서로 다르게 보는 점이
우리의 삶과 무슨 관계가 있나요?

지연씨   모든 일이 신의 뜻에 따라 목적이 정해져 있다고 보
면, 그 정해진 답을 따르기만 하면 됩니다. 따르는
행위가 선한 일이므로, 고민할 필요가 전혀 없습니
다. 순종이 미덕이지요. 여기서 그 논리나 가르침을
벗어난 생각, 또는 그 정답의 해석상 틀린 답은 부
조리나 악으로 규정하여 배척하게 됩니다. 반면에
우주의 목적이 원래 정해져 있지 않다고 본다면, 혼
란스러워 보이겠지만, 실은 삶의 의미를 자신이 선
택해야 하고, 그렇게 하려면 다양성과 상대의 논리
나 가치를 존중해야 합니다. 내가 존중받으려면 그
렇습니다.

이교장   (표정이 밝아지며) 그것 보세요. 가치나 행동의 기준이

없으니 혼란스럽고 제각각이지 않습니까?

지연씨   제 말을 오해했군요. 생물의 생명 유지와 유전자 전
         파라는 경향성 외에 삶의 기준이 원래 정해져 있다
         는 근거는 어디에도 없고, 단지 주장과 믿음뿐이어
         서 제각각이죠. 이렇게 정해진 기준이 없기에 가능
         한 최대 다수의 복지를 위해 우리가 서로 합의하여
         보편적 기준을 마련해야 한다고 봅니다.

박부장   실제로 대다수 국가는 종교와 무관한 세속 국가인
         데, 적어도 명분상으로는 최대 다수의 복지를 위해
         합의하여 기준을 마련하지 않나요? 그 사례가 법이
         라 할 수 있고요.

지연씨   그렇습니다. 하지만 현대 사회는 너무나 복잡해 그
         마저도 공정하다고 할 수 없고, 또 정해진 기준대로
         만 살 수 없습니다. 그래서 늘 새로운 기준이 필요
         한 것이고, 그때마다 낡아서 무용한 것들은 폐기할
         수밖에 없지요. 그것을 흔히 개혁이라 하고요.

박부장   (실망한 표정으로) 개혁은 참 힘들어요. 그래서 혁명보
         다 어렵다는 말이 나온 것 같아요.

지연씨   그렇죠. 그것을 거부하는 데는 어떤 이념 또는 세상
         을 고정된 것으로만 보는 신념도 한몫해요. 특히 후
         자의 이면에는 불변하는 신의 뜻이나 목적이 있다
         고 보기에 사회적 합의가 쉽지 않습니다.

황부장   (다소 냉소적인 표정으로) 듣고 보니 철학은 참 심각하게
         따지면서 세상을 보네요. 우리 같이 나이 든 사람에
         게 철학이 필요할 것이라는 느낌이 들었지만, 막상
         듣고 보니 머리가 아파요. 차라리 종교를 가지는 편
         이 더 편할 것 같아요.

이교장   (황 부장을 보고) 복 받을 겨!

지연씨   누가 말리겠습니까? 삶의 방식도 다양해서, 선택
         은 각자의 취향 문제지요. 저의 경우는 한 번밖에
         살 수 없는 인생을 남이 시키는 대로 따르거나 자진
         해서 남의 가르침을 손종하기도 마땅찮고, 그렇다
         고 아무 생각 없이 그때그때 상황에 따라 사는 일
         도 무의미하고 허무할 것 같아서, 제 철학대로 삽니
         다. 꽃이 아름다운 까닭은 저마다 다른 시기에 다양
         한 크기와 색깔과 향기가 있어서가 아닐까요? 이처

럼 인간도 언제 어디서나 각자의 향기와 목소리로 사는 일이 아름다울 것입니다. 이 세상에 온통 호박 꽃만 피고 똑같은 성형미인들만 즐비하다면 어떨까요? 정말로 끔찍하지 않겠어요?

김교장   (우스꽝스럽게) 할렐루야!

신이 있다면
무엇으로 이루어져 있을까?

어느 날 지연씨가 고등학생 때 다녔던 교회에서 창립 100주년을 맞이하여, 그 출신 인사들을 불러 기념행사를 열었다. 지연씨도 초청되어 참석했다가 행사가 끝난 후 선배인 신학자 박 목사를 따로 만났다.

지연씨   선배님, 반갑습니다. 오랜만에 뵙겠습니다.

박목사   나도 반갑네. 못 본 지 너무 오래돼서 자칫 못 알아 볼 뻔했네. 그나저나 서울서 어느 교회에 다니고 있는가?

지연씨   (어색한 말투로) 교회를 떠난 지 오래됐습니다. 공부하다 보니 그리됐습니다.

박목사   공부를 많이 하면서 신앙을 버린 사람들이 내 주변에도 더러 있지. 하지만 공부도 공부 나름인데, 자네가 무슨 공부를 했기에 신앙까지 버렸는가?

지연씨   선배님, 제가 신앙을 버렸다는 판단은 좀 더 논의가 필요하고요. 다니던 교회를 처음 떠나게 된 계기는 공부 탓이 아니라, 당시 성직자들의 무지와 한국 개신교 내부의 지성에 반하는 경향 때문입니다.

박목사   신앙은 사람을 보는 게 아니라 하나님만 바라보는 것이네. 교회 출석도 그래야 하고.

지연씨   (머리를 절레절레 흔들며) 그런 말은 귀에 딱지가 생길 정도로 많이 들었습니다. 일단 그 말의 형식논리는 인정합니다만, 하느님을 어떻게 규정해야 하는지, 그의 뜻을 어떻게 아는지, 무엇보다 하느님의 존재를 어떻게 증명하는지, 성서를 문자 그대로 신뢰할 수 있는지 등의 해결해야 할 문제가 한두 가지가 아니라서, 성직자의 말만 문자 그대로만 믿고 따른다는 건 대단히 위험하게 보였습니다.

박목사   (약간 실망한 목소리로) 그 문제는 이미 신학에서 규명했다고 보는데…….

지연씨   잘 아시다시피 모든 신학이 다 똑같은 것도 아니지
         요. 본질상 신학도 검증할 수 없는 신을 전제하니까
         보편타당하기 어렵지요. 게다가 한국 개신교 다수
         교파가 따르는 근본주의 신학은 제가 보기에 전혀
         그렇지 못하지요. 그런 각도에서 공의롭다는 하느
         님, 저는 그걸 현실에서 정의로운 하느님으로 보고
         싶은데, 하여튼 그것을 기독교인들 각자의 삶과 실
         천을 통해 드러내지 못하면, 그런 종교 집단을 떠나
         는 일이 유익하다고 보았습니다.

박목사   그러니까 자네는 성직자가 교회나 교인들을 통해
         하나님의 정의를 구현하지 못하는 현상은 성직자
         자신의 문제만이 아니라, 해당 신학에 문제가 있다
         고 보는 거지?

지연씨   그렇습니다. 제가 한때 그들의 설교에서 들은 바와
         같이 구약성서의 야훼가 그랬듯이 하느님은 자기
         백성, 곧 종교 개혁가 칼뱅의 말대로 하느님이 해당
         인간이 아직 태어나기도 전에 예정하여 선택한 자
         들만 구원한다면, 그것은 그가 정의롭지 못하다는

증거이므로, 선택받지 못한 사람의 처지에서는 하느님이 당장 여기에 임한들 따르지 않을 것입니다. 그의 정의를 현실에 제대로 적용하지 못하고, 그 내부 사람을 위한 내세의 복락과 현세의 축복만 외치는 건 어딘가 잘못된 곳이 있기 때문입니다.

박목사 (머리를 끄덕이며) 동감하네. 원래 칼뱅의 예정론은 종교개혁 당시 죽은 사람이라도 미사를 올리면 구원을 받게 된다는 구교의 연옥(煉獄) 사상에 반대하여, 교황의 주요 수입원 가운데 하나인 사면권을 비판하고, 죽은 후의 영혼은 현세 인간이 어떻게 할 수 없다는 점을 분명히 말하기 위한 배경에서 나온 거네. 그 이론을 남용한 일부 한국교회의 반지성적 실태에 공감하고. 그 때문에 신학대학교를 졸업하자마자 유럽에 유학을 다녀왔네. 또 하나님의 공의를 신자들이 신앙을 통해 드러내야 한다는 말도 일리가 있지. 그래서 신앙은 맹목적일 수 없고, 현실의 정의가 무엇인지 공부하면서 그 안에서 하나님의 뜻을 깨달아 실천해야 하고. 어쨌든 백번 양보해서 교회 출석은 그렇다 치고 신앙은 필요하네.

지연씨 　네. 저도 신앙, 제 식으로 말하면 성숙한 영성 그 자체는 필요하다고 봅니다. 기독교에서는 흔히 구원을 믿음으로 주어지는 은총이라고 말하지만, 그때의 구원도 따지고 보면, 가령 부활처럼 도저히 믿을 수 없는 비합리적 일에 대한 믿음의 대가, 달리 말하면 애초부터 말도 안 되는 거래에 대한 보상의 성격이 강합니다만, 저는 믿음이든 구원이든 이렇게 보고 싶지 않습니다. 그것은 예수님의 가르침에 내 모든 삶을 온통 내맡겨 따르는 행위까지 포함하는 포괄적인 것으로, 구원의 형식에서만 보면 하느님의 은총이라는 타력에 의하여 구원받는 일처럼 보이지만, 믿는 자의 자유의지에 따른 노력과 깨달음이 전제되지 않으면, 하느님이 구원해 주고 싶어도 불가능하므로, 사실상 기독교에서 말하는 구원이란 인간의 자유의지와 절대자의 은총이 상호작용한 결과로 보입니다. 바로 여기서 은총 뒤에 감춰진 비밀, 곧 개인의 영혼이 성숙하게 되는, 아니 되어야만 하는 당위를 발견할 수 있습니다. 그걸 '거듭남'(중생)이라는 말로도 표현할 수 있습니다만, 그것은 '성숙한 영성'을 위해 기독교인만이 아니라, 참

됨을 추구하는 모든 사람에게 자기와 남의 구원을 위해 꼭 필요한 일입니다.

박목사   인간의 노력도 필요하지만, 하나님의 은총이 더 중요하네. 인간의 오염된 영혼을 정화할 능력은 오직 하나님만이 갖고 있기 때문이지.

지연씨   무슨 말을 하려는지 알 것 같습니다. 에덴동산에서 최초 인간의 타락은 결국 영적인 타락인데, 그 타락한 영혼이 유전되어 죄를 용서받으려면 예수님이 대속한 십자가 보혈을 믿는 일밖에 방법이 없다는 것을요. 하지만 여기에 모순이 있다고 봅니다. 기독교 신학에서 하느님이 각 개인의 영혼을 창조했다고 하면서도, 마치 육체가 조상으로부터 유전되어 온 것처럼 영혼도 유전된다고 말한다면, 앞뒤가 맞지 않습니다. 하느님의 머릿속에 있던 개인의 영혼이 이미 오염되었다는 것은 이치상 있을 수 없는 일이니까요.

박목사   (단호하게) 아무튼 인간이 덕을 쌓는 일이 필요해도, 그것만으로 '성숙한 영혼'이 될 수 있다는 주장은 중세기 **펠라기우스**(5세기 초 영국 출신 수도사로 자유의지를 믿고 원죄를 의심하며 인간이 덕을 행하는 것은 도덕상의 노력이며, 그 덕행이 정당할 경우 그 보상으로 천국에 간다고 주장함)**라는** 이단의 학설과 유사하네.

지연씨   말씀처럼 기존 신학의 은총을 인정하더라도, 덕을 쌓는 노력과 그것은 상호 보완한다고 봅니다. 예정론에 근거한 은총의 의미는 성서 속 유대인들이 가졌던 선민의식의 형이상학적 표현으로 보입니다만, 그로 인해 선택된 자들만 구원받는다는 생각에 얼마나 많은 이단과 부조리가 생겼습니까? 어쨌든 그 또한 하나의 학설을 추종한 것뿐이고, 기독교 신앙 안에만 성숙한 영성 또는 거듭남이 있다는 주장 또한 지나친 독단과 편견입니다. 영적인 성숙은 신을 믿든 안 믿든 누구나 가능한데도, 하느님만을 신앙해서 가능한 것이라면, 저는 쉽게 동의하기 어렵고, 생각해 볼 여지가 많습니다.

박목사   영성을 그렇게 확대해 본 이유가 뭔가?

지연씨   가장 큰 이유 가운데 하나는 하느님의 존재 자체를 증명할 수 없거든요. 이는 절대자이자 창조주로서 신의 존재가 불확실하므로, 자연히 영성도 그것에 의존하지 않는 방향으로 전개되는 거죠.

박목사   하나님이 세상을 창조했다는 성경 말씀을 근거로 인간은 피조물로서 창조주를 살아있는 신으로 신앙하는 것은 당연한 일이네. 그걸 부정하면 기독교가 될 수 없네.

지연씨   그렇습니까? 신이 세상을 창조했다는 사례는 세계의 수많은 신화에도 등장합니다. 왜 꼭 기독교의 그것만 믿어야 하나요? 제 말의 의도는 하느님의 존재를 인정하려면, 창조주든 잡신이든 또 뭐든 그것들이 존재한다면 무엇으로 이루어져 있냐는 겁니다.

박목사   정통 신학에서는 창조주는 영(靈)으로서 피조물 속에 존재하지 않고, 세계를 초월하여 세계를 움직이는 제1의 원인자라고 하네. 철학으로는 그렇다 치고, 쉽게 말하면, 하나님은 자신이 창조한 어떤 물건 속에 거하지 않고 만물을 주관하며 없는 곳이 없어 시공을 초월한 전지전능한 분이라고 믿지. 그게 절대자로서 정통 신의 개념이고.

지연씨   글쎄요. 일단 그걸 인정하더라도 신이 존재하려면, 어떤 계기나 근거가 있어야 하지 않을까요? 이렇게 그 존재를 직간접으로 증명할 수 없는 신이 있다는 주장은 형이상학적 미신에 가깝죠. 만에 하나 있다고 한다면, 물리적 계기를 지닌 무엇이어야 한다고 봅니다. 마치 사람의 정신처럼 말입니다. 정신도 한 글자로 쓸 때는 그냥 신(神)으로 표기했습니다.

박목사   자세히 듣고 싶네.

지연씨   동아시아의 철학에서는 서양처럼 신을 세상을 초월한 독립된 존재나 실체로 보지 않았습니다. 신비하거나 신묘하여 헤아릴 수 없는 기의 운동을 표현하는 형용사 용법 위주로 사용했습니다. 존재하는 대상은 기와 그것이 모여 이루어진 만물뿐입니다. 인간의 정신도 기입니다. 백번 양보해 민간에서 말하는 귀신이나 신령도 존재한다면, 그 또한 기로 이루어져야 한다고 보았습니다. 그런 전통에 따라 동학도 천주를 지기(至氣)로 볼 수밖에 없었습니다. 물론 그 이전의 중국 도교에서도 신은 기로 되어 있다고 여겼지요.

박목사   어떻든 하나님과 인간의 정신이랄까 영혼이 기로
         되어 있다는 주장을 찬성할 수 없네. 하나님과 정신
         은 결코 물질이 될 수 없고. 그걸 인정하면 유물론
         이 되어 기독교를 부인하게 되네.

지연씨   그건 오해로서 결국 신학의 문제라고 봅니다. 성서
         의 내용을 굳이 액면 그대로 믿는다면, 창세기 1장
         2절에 하느님의 영이 수면 위에 운행한다는 말과 예
         수가 동정녀의 몸에 성령으로 잉태하였다는 말과
         제자들에게 성령이 임했다는 사례는 하느님의 '기
         운'을 빼면 이해하기 어렵습니다. 후대의 기독교 신
         학이 이런 점을 애써 무시하고, 그리스철학을 따라
         하느님을 형이상학적인 초월자로 규정하다 보니까
         그런 결과가 생겼다고 봅니다. 게다가 기를 고무나
         금속 또는 액체 같은 물질로만 생각한다면 큰 오해
         입니다. 서양 전통은 우리의 기 개념과 달리 세상의
         근본 존재가 오직 정신과 물질뿐이라는 이분법으로
         생각하여, 모든 것을 둘 중 하나에 속한다고 보았기
         때문에 그런 오해가 생겼습니다.

박목사   (불편한 기색을 띠며) 그럼 무당들이 '신끼'를 느끼는 것

처럼 하느님의 존재도 그런 체험을 통해서만 그 기운은 증명해야 하는가? 그것이야말로 하나님의 존재 증명이 보편타당하지 않고 개인의 주관적인 느낌이나 체험에 의존하게 되는데?

지연씨 맞습니다. 그런 논리라면 모세나 많은 유대 선지자의 체험에 보편성이 있습니까? 다만 그것이 성서에 기록되어 있어서 역사적으로 존재했던 사실로 착각하고 있을 뿐이지요. 문제의 요점은 하느님의 존재는 사람이 체험을 통해서만 증명된다는 점과 무관하게, 또는 인간의 감각기관으로 포착하든 못하든 간에 논리로 따져볼 때 신이든 뭐든 존재하려면, 기 굳이 서양식으로 말하면 어떤 '물리적 계기'에 근거해야 한다는 것입니다.

박목사 (성급하게) 더 자세히 말해보게.

지연씨 저는 세상 만물을 구성하는 기초는 기라고 봅니다. 그밖에는 아무것도 없습니다. 신이나 하느님이 만약 존재한다면, 그것은 어떤 기의 정화(精華)에 해당합니다. 마치 인간의 정신처럼 하느님의 경우 우주의 정신이라 말할 수 있겠지요. 사실 만물은 종류에 따라 비록 층위는 있어도, 기의 정화인 신을 갖고 있다고 봅니다. 그 때문에 저는 만물이 죽은 질료로만 구성되었다는 전통 유물론과 근대 과학의 세계관도 따르지 않습니다. 자연히 만물은 모두 그런 신으로서 영성(靈性)을 갖고 있다고 봅니다. 물론 사물마다 차이는 있고, 현재 경험할 수 있는 범위 안에서는 인간이 가장 풍부한 영성을 지니고 있고요. 이것은 또 만약 인간이 경험할 수 없는 5차원이나 그 이상의 몇 차원 위의 어떤 신과 같은 존재나 우주인이 있더라도 반드시 존재의 근거가 있어야 한다는 주장입니다.

박목사   (머리를 갸우뚱하며) 자네의 주장은 참 이해하기 힘드네. 과학과 딱 들어맞는 것도 아니고.

지연씨   그럴 것입니다. 과학도 세계관이 있으므로 철학으로 따져봐야 합니다만, 그것은 대체로 물질은 죽은 질료에 지나지 않는다는 서양 문명의 관점을 따르고 있지요. 물론 기독교도 그러했지요.

박목사   하나님이 창조한 물질에 생명이 없는 건 당연하지

않은가? 바위나 돌과 흙 같은 물건이 영성을 지녔다
고? (확신에 찬 표정으로 웃음을 머금고) 그건 완전히 미신이
고 물활론 아니면 범신론이네.

지연씨   서구 전통에서 보면 미신이겠지만, 물질의 본성에
운동성과 창발성을 인정하지 않는다면, 진화의 가
능성은 물론 그 연장선에서 발생할 생명과 영성을
도저히 설명할 수 없습니다.

박목사   자네의 물질관 또한 그런 것을 미리 전제하니까 형
이상학으로 보이는데.

지연씨   다만 조건에 따라 전개될 가능성만을 두고 말한 것
뿐이지요. 그런 가능성이 없었다면 생물이 없던 원
시 지구에서 어떻게 생명이 생겨났을까요? 게다가
우주와 물질이 조건에 따라 스스로 운동한다는 사
실은 이미 자연과학이 밝혀내기도 했고요.

박목사   (실망한 표정과 말투로) 자네 설명대로라면 하나님은 그
어디에도 없겠네.

지연씨   그렇지 않습니다. 만약 하느님이 있다면, 기와 그
정화로서 어디에나 있는 것이지요. 그래서 만물 속

에도 더 가까이는 내 마음속에 있어서, 만물과 인간이 다 영적인 존재로서 신을 소유하고 있지요. 그래서 모두가 신이지요. 다만 신경계가 없는 대상에게 지나치게 인격화하는 점을 경계해야 하지만요. 인격이란 말 그 자체가 인간 중심이지 않습니까? 그때의 신앙이란 인간만이 아니라 만물까지도 한 몸이라 깨닫고 서로 아껴주며 사는 것이고요.

박목사 (얼굴빛이 밝아지며) 자네의 신앙을 이제야 알겠구먼. 그럼, 자네는 범신론을 따르는가?

지연씨 그 역시 서양식 사유의 질문입니다. 범신론은 일반적으로 신이라는 실체를 인정하지만, 제가 말한 신은 아까 기의 정화라고 말했듯이 실체 개념이 아닙니다. 기가 없으면 신도 없습니다.

박목사 그러면 그때의 신이란 물질에 종속된 것 어차피 유물론에서 말한 물질에서 파생된 특성을 말하는 것 같은데.

지연씨 (머리를 끄덕이며) 잘 보셨습니다. 불에 타는 양초의 불이 그 양초에서 파생되어 나왔다고 비유할 때는 그 말씀이 정확히 들어맞습니다. 하지만 인간 정신의 경우 몸을 반드시 의존하지만, 몸의 노예가 되지 않고 도리어 그것을 통제하거나 초월하는 작용도 합니다. 타인을 위해 희생하거나 '거듭남'과 같이 육체의 욕망만을 위해 종사하지 않는 때도 있습니다. 그러니까 신의 존재가 기에 의존할지라도, 그 활동은 기를 초월해서 독립적이지요. 비록 정신과 물질의 기원을 달리하는 서구식 이원론과 상반되는 통합된 관점이지만, 정신의 독자성을 인정하는 거지요.

박목사   자네 생각은 하나님과 천사와 인간의 영혼과 악마만이 애초부터 물질과 독립된 영적인 존재라고 보는 정통 기독교의 가르침과 완전히 다르네. 자네 철학엔 천사나 악마 같은 존재가 있는가?

지연씨   그것들은 인간이 규정한 선악이 투영된 하나의 상징이라 봅니다. 그 또한 인간의 욕망과 관계있습니다만, 설명하기에는 시간이 길어서…….

박목사   자네의 말을 듣고 보니, 결국 인간의 정신을 신으로 규정한 것에 지나지 않아서 인간이 곧 하나님이라는 생각이 드는군.

지연씨 　제 얘기는 인간을 모델로 신의 존재 방식을 설명한 것뿐입니다. 만약 우주가 신의 몸이라면 그에 걸맞는 정신이랄까 신이 또 있겠지요.

박목사 　자네 논리상 몸체를 가진 사물은 다 각자의 신이 있는데, 하나님이 전체이면서 보편성을 띤 신으로 들리네.

지연씨 　사실 일자(一者)에서 다자(多者)로 분화되고 다자는 일자로 수렴되지요. 그 일자가 우주의 기(氣)인데, 그 정화를 두고 하느님이든 상제(上帝)든 조물주든 창조자든 또 뭐라고 부르든 상관없습니다. 다만 인간 이외에 더 인격이 풍부한 신은 아직 발견되지 않았을 뿐입니다. 만약 인간의 인격과 무관하다면, 우주의 참모습 그 자체이고요.

박목사 　거참. 이해하기 참으로 어렵네.

지연씨 　그렇지 않습니다. 한국의 전통철학과 민족종교를 조금만 들여다보면, 금방 이해할 수 있는 문제입니다. 근본주의 신학에서 미신으로 치부하니까 보지 못할 뿐이지요.

박목사 　　(머리를 갸우뚱거리며) 그런가?

네 앎을 의심하라

지연씨의 이웃에 초등학교와 유치원에 다니는 자녀를 둔 학부모가 산다. 그는 지연씨가 전직 교사라는 사실을 알고 있어서, 가끔 자녀의 교육 문제에 대해서 문의하곤 한다. 어느 여름날 동네 놀이터에서 놀고 있는 아이를 보고 있는 학부모와 지연씨가 우연히 마주쳐 이야기를 나누었다.

학부모   선생님도 쉬러 나오셨어요? 저는 아이들하고 집에
        만 있으려니 답답해서요.
지연씨   가끔 머리 식힐 겸 나옵니다. (아이들을 바라보며) 아이
        들이 저렇게 즐거워하면서 노니 보기 좋군요.

학부모   그렇긴 합니다만, 다른 아이들은 지금 학원에 있을
        텐데, 우리 아이들만 저렇게 노니 조금 불안합니다.
지연씨   괜찮습니다. 잘 노는 게 좋은 공부입니다.

학부모   그게 무슨 말씀이세요? 혹시 저를 안심시키려고 그
          러시는 거죠?

지연씨   그렇지 않습니다. 이론상 근거가 있습니다. 일단 하
          나 여쭙지요. 우리가 보통 '무엇을 안다'라고 말할
          때 누가 아는 걸까요?

학부모   그야 뭐 해당하는 사람의 마음이겠죠.

지연씨   예. 철학에서는 그것을 인식의 주체라 합니다. 이
          주체와 그 대상인 외부의 사물이 있어야 초보적 앎
          이 이뤄지는데, 여기에는 한 가지 요소가 더 필요합
          니다. 그렇다면 애초에 무엇을 통해 알게 될까요?
          아니면 저절로 곧장 아나요?

학부모   그렇지는 않을 것 같습니다. 무언가를 보고 들어야
          알지 않겠습니까?

지연씨   맞습니다. 보고 들을 때는 눈과 귀가 있어야지요.
          그 눈과 귀 그리고 코와 피부 등을 감각기관이라 부
          르고, 그 기관을 통하여 외부 대상인 사물의 모습이
          나 소리 등을 뇌에 기억하는 일을 보통 경험이라 부
          릅니다. 이처럼 앎의 시작은 경험에서 출발합니다.

학부모   앎이 경험에서 출발한다는 말이 다 옳다고 할 수 없을 것 같습니다. 어떤 사람들은 전생이 있어서 그때의 일을 기억한다고 하던데요.

지연씨   고대 철학자 가운데도 드물게 전생을 주장하지만, 저는 사람이 태어나면 이 세상에서 딱 한 번 산다고 여길 뿐, 죽지 않는 영혼이 있어 윤회한다는 관점을 지지하지 않습니다. 설령 전생이 있어 그 일을 기억하는 사람이 있다고 해도, 그것을 일반화할 수는 없는 비합리적 것입니다. 만약 그런 사람이 있다면 어릴 때부터 천재 소리를 듣지 않겠어요? 전생에 공부한 것을 기억할 수도 있을 테니까요.

학부모   그렇군요. 기억이 공부의 핵심 변수이긴 하죠.

지연씨   하지만 기억 자체가 높은 수준이나 완벽한 앎은 아닙니다. 경험한 내용을 기억하는 일은 앎의 기초가 되므로 중요합니다만.

학부모   (의아한 표정으로) 그렇다면 왜 기억한 내용으로 시험을 봅니까? 외국어나 암기 과목은 기억 잘하는 학생이 좋은 성적을 올리잖아요?

지연씨　초등학생 때는 기억을 잘하는 사람이 대개 성적이
　　　　좋지요. 어릴 때는 기억 기능이 활발하고, 또 기억
　　　　해야 할 중요한 내용이 많으므로 그것을 중심으로
　　　　시험을 봅니다. 하지만 학년이 올라갈수록 기억력
　　　　만으로는 한계가 분명히 있지요. 그래서 그것에만
　　　　의존하는 학생 가운데 고학년이 되면 성적이 떨어
　　　　지는 경우가 더러 있습니다. 특히 국어와 수학과 과
　　　　학 같은 과목이 그렇지요. 그 과목들의 특징 가운데
　　　　하나가 논리에 맞는 사고를 필요로 하니까요.

학부모　좀 더 자세히 설명해 주시겠습니까?

지연씨　아까 기억만으로는 완벽한 앎이 아니라고 말했죠?
　　　　가령 어린아이가 사과를 보자마자 사과라는 것을
　　　　곧장 알지만, 이 경우 앎이란 사과의 겉모양과 맛
　　　　등 본인이 기억한 정도의 얕은 수준에 불과합니다.
　　　　그것만 가지고 사과를 다 안다고 말할 수 없겠지요.
　　　　또 하늘을 보면 태양과 별이 지구를 도는 것처럼 관
　　　　찰됩니다만 실제로는 다르지요. 이때 육안에 보이
　　　　는 현상만으로 본래의 모습을 전혀 알 수 없습니다.
　　　　그걸 알려면 다른 차원의 앎이 필요하지요. 이렇게

직접 경험한 기억만으로 앎이 완벽하지 못한 사례
는 무수히 많습니다.

학부모 그런 것 같네요. 하지만 아이가 자라면서 책을 보거
나 동영상을 보고 사과와 천체의 모든 것을 알 수
있지 않겠습니까? 이 또한 경험이 아닌가요?

지연씨 물론 그럴 수 있습니다. 그것을 간접 경험이라 하는
데, 그 또한 남이 연구해서 밝혀 놓은 것을 기억할
뿐이지요. 그러니까 그 정도의 앎도 기억력, 조금
더 나아가 이해력에 의존하겠죠. 하지만 학자들이
사과의 생육조건과 성분과 영양분을 밝혀내는 일과
지구가 돈다는 사실을 밝히는 일은 그런 것을 훨씬
뛰어넘는 앎의 방식이 요구되는 작업입니다. 그러
니까 어떤 대상을 제대로 아는 일은 경험만으로 불
충분하다는 겁니다. 곧 경험을 넘어선 이론상의 앎
이 보다 대상을 깊이 파악한 것입니다. 그리고 그것
은 고등 사고의 도움을 받아 추상화된 개념으로 이
해하는 일입니다.

학부모 하지만 일반 지식을 많이 기억하거나 이해하여 적

용하는 일이 도움이 되지 않을까요? 굳이 이론이나 개념까지 알 필요가 있겠습니까?

지연씨 일상생활에서 유용성만 따진다면 그 말씀에도 일리가 있습니다만, 그런 앎은 아무리 양이 많아도 질을 따진다면 완벽한 앎이라고 말할 수 없겠지요. 더구나 전문 분야의 문제해결엔 전혀 도움이 되지 않을 겁니다. 가령 해당 분야의 개념과 이론을 모른 채 한의사가 내과 수술을, 양의사가 침을 놓고 한약 처방을 할 수 있겠어요?

학부모 그렇네요. 선생님 말씀 속에서는 이론이나 개념이 마치 진리처럼 들립니다.

지연씨 잘 보셨습니다. 개념은 해당 이론 안에서는 진리라고 보아도 됩니다. 하지만 이론 자체도 변하므로 그것들이 영원한 진리일 수는 없습니다.

학부모 그렇다면 모든 대상에 정답처럼 정해진 앎이 없다는 말처럼 보입니다.

지연씨 정확하게 보셨습니다. 무식하면 용감하다고 보통 사람들은 상식 수준의 앎이 정답이라고 착각하지요. 그래서 본인의 정답과 다르면 비웃거나 공격하기까지 합니다. 반면 전문가들은 함부로 말하지 않고 항상 제한된 이론의 틀 안에서 말할 수밖에 없습니다. 지식의 운명이란 새로운 이론에 따라 변하기 마련이거든요. 적어도 지금까지는 그래 왔습니다.

학부모 잘 알겠습니다만, 그래도 지식의 진위를 가리는 기준이 있어야 할 것 같아요. 마치 가짜 뉴스를 두고 '팩트 체크' 하듯이 말이에요.

지연씨 그 역시 해당하는 이론의 틀 안에서 타당성 여부로 검증합니다. 검증되면 지식이 참이 됩니다. 그러나 반증이 증가하면 그 이론은 무너지고 새로운 것이 출현합니다.

학부모 얘기가 점점 복잡해지네요. 그러니까 아이들이 학습하는 데 기억력도 필요하지만, 더 중요한 것은 그것을 뛰어넘는 고등 사고력이 필요하다고 말씀하다가 여기까지 왔군요. 여기서 그런 사고력이 먼저 발달하는 아이가 또래 아이보다 공부도 잘할 것 같기도 합니다.

지연씨   그렇습니다. 기억력 발달은 어릴 때 왕성하다가 나
          이가 들수록 점차 감소하는 경향이 있지만, 사고력
          은 머리 쓰기에 따라 죽을 때까지도 발달합니다. 저
          를 보십시오. 어릴 때는 기억력 하나만으로 공부 잘
          한다는 소리를 들었습니다만, 철학을 공부하면서
          이 나이에도 젊은이 못지않게 더 복잡한 작업을 수
          행합니다. 이처럼 사고력은 지속해서 발달하고, 또
          거기에 개인차가 분명히 있음에도 불구하고, 십대
          후반에 치른 성적만으로 인생을 좌우하게 만드는
          우리 현실이 너무 가혹하고 불공정한 비극이지 않
          습니까?

학부모   듣고 보니 그렇네요. 그래도 입시 그 자체를 없앨
          수 없으니까, 어떤 학부모든 자녀의 기억력과 함께
          사고력의 발달을 바랄 겁니다. 물론 저부터 그런데
          요. 어떻게 하면 사고력을 향상할 수 있습니까?

지연씨   사고력은 원래 발달하므로 때를 기다려야 합니다
          만, 그 발달에 자극을 주는 활동은 있습니다. 아까
          제가 '잘 노는 게 좋은 공부다'라고 말한 것도 이런
          배경에서였습니다. 다시 말하면 어릴 때의 풍부한

경험은 사고력 증진에 도움이 되기 때문입니다.

학부모   (얼굴을 찡그리며) 좀 더 쉽게 설명해 주십시오. 선뜻 이해하기 어렵습니다.

지연씨   그럴 겁니다. 사고력이란 달리 말하면 논리적이거나 추상적으로 생각하는 능력인데, 경험은 그 사고의 대상이 되는 자료를 제공하는 역할을 합니다. 생각나는 경험도 없는데 무작정 어떤 대상을 생각하고 상상하라고 하면 되겠어요? 다시 말하면 추상적으로 생각하거나 상상할 수 있는 자료를 제공하는 일이 경험이라는 점입니다. 어릴 때의 풍부한 경험이야말로 훗날 사고력이 자랄 때 큰 역할을 하는 것이지요. 작가나 예술가 등의 상상력도 바로 이전 경험에서 가져오는 것입니다.

학부모   (표정이 밝아지며) 와! 그래서 노는 게 그냥 노는 게 아니군요. 그렇다면 경험은 다양하고 풍부할수록 좋겠네요.

지연씨   그렇습니다. 개미 쳇바퀴 돌 듯하는 경험은 한계가 있지요. 그래서 여행이나 새로운 체험을 할 수 있는 기회를 되도록 많이 제공하는 것이 중요합니다. 사실이 이러한데도 일부 초등학교 저학년 학부모 가운데는 아이들에게 추상적인 사고가 요구되는 문제를 풀게 하거나 글짓기를 무리하게 강요합니다. 이는 상당히 위험한 교육방식으로 힘을 충분히 낼 정도의 신체가 발달하지 않았는데도 무거운 물건을 들도록 강요하는 일과 같습니다. 아이를 잡는 행위이지요.

학부모   그렇다면 손 놓고 기다려야 할까요?

지연씨   그럴 필요는 없습니다. 아이의 수준에 맞는 문제를 제시하여 확인해 보아야 합니다. 발달이 다소 늦더라도 강요해서는 안 되고, 여러 사례나 사태를 제시하여 촉발할 수는 있겠지요. 그와 관련된 책이나 프로그램이 어디 있을 겁니다. 저도 신문에 기고한 글을 모아 『이야기 속 논리와 철학』이라는 책을 오래전에 펴낸 일이 있습니다만.

학부모   팁을 하나 주신다면 어떤 것이 있을까요?

지연씨   가령 제각기 종류가 다른 나뭇잎을 여러 장 놓고 공통점을 발견하게 하는 일 따위가 그런 것이겠네요. 또 그 가운데 어떤 기준을 정해서 비슷한 것끼리 나누어 보는 작업도 해당하겠고요. 전자는 귀납추리에 관계되고 후자는 분류에 해당합니다.

학부모   그러니까 아이가 사물을 알아가듯 인간의 앎도 감각 경험에서 출발해서 고등 사고의 도움으로 사물의 원리나 법칙을 발견하거나 개념을 구축하는 방향으로 전진해 나간다는 의미이군요.

지연씨   바로 그겁니다. 앎의 수준은 그렇게 진행됩니다. 어떤 철학자들은 경험과 무관한 순수 사고로 발견한 명백한 사실만 진리라고 여기기도 했습니다만, 이렇게 사고력 자체가 경험을 통해 발달한다는 분명한 사실을 간과한 것이지요.

학부모   (고개를 끄덕이며) 안다는 문제 그 자체도 따지고 보니 쉬운 일이 아니네요. 그리고 그것이 상당히 과학적이라는 점을 느꼈습니다.

지연씨   그렇죠? 사실 지금까지 제가 설명한 앎이란 과학의 대상을 두고 말한 것이었습니다.

학부모   (눈을 동그랗게 뜬 채 놀란 듯이) 그렇다면 또 다른 앎도 있다는 겁니까?

지연씨   물론이지요. 인간의 행위, 곧 실천과 윤리에 관련된 앎도 있습니다. 어쩌면 이 앎이 더 중요할지 모르겠습니다.

학부모   그런 앎이 왜 또 중요합니까?

지연씨   각자의 삶에 연결된 것이니까 제대로 알아야 올바르게 행동할 수 있지 않겠어요? 가령 아이가 거짓말을 했을 때 그것이 나쁘다는 사실을 모르고 할 수도 있고, 알면서도 할 수 있습니다. 이럴 때 어떻게 조치해야 하지요?

학부모   모르고 한 경우는 알게 하는 일이 필요하지만, 나쁘다는 사실을 알면서도 거짓말을 하는 경우는 앎과 행동이 일치하지 않아서 야단치면 될 뿐인데, 어째서 제대로 알아야 한다고 하십니까?

지연씨   그것은 그 아이가 거짓말이 나쁘다는 점을 대충 알 뿐, 그것이 나쁘다는 사실을 체득하지 못했기 때문이지요. 거짓말 때문에 죽을 고비를 넘겼거나 인생의 큰 손해를 본 사람은 다시는 거짓말을 안 할 겁니다. 크게 깨달았기 때문인데, 바로 이 경우는 '거짓말은 나쁘다'라는 사실을 뼈저리게 체득한 일이지요. 그래서 옛날 사람들은 아이들이 처음 거짓말을 했을 때 크게 혼낸 까닭도 이런 배경에서였습니다.

학부모   (밝은 표정으로) 아, 그러니까 이런 도덕 관련 앎은 실천과 연결이 되어야 하는데, 체득되지 않는 앎이란 실천으로 연결되기가 쉽지 않아서 제대로 아는 게 아니라는 뜻이군요. 가령 일부 아이들이 도덕 시험을 볼 때 점수는 좋아도 행동은 그와 정반대이고, 또 일부 종교인들은 교조의 가르침을 입에 달고 살지만, 정작 삶에서 보여주는 짓이 시민들의 마음을 불편하게 하는 일이 바로 체득되지 않은 앎 때문이겠네요?

지연씨   그렇습니다. 만약 이런 윤리나 도덕 관련 앎을 단번에 알고 깨달아 실천한다면 성인(聖人)이 되겠지만, 보통 사람들은 부단한 수행 또는 수양으로 깨달아야 하는 문제이지요. 스님들이 석가의 말씀을 대충 이해한 수준에 끝나지 않고, 그 가르침의 수행을 통해 열심히 실천하는 까닭도 바로 여기에 있습니다. 그래야 그 말씀이 자기 것이 되기 때문이죠.

학부모　선생님 생각을 듣다 보니 알 듯 말 듯 다소 혼란스럽습니다만, 앎의 문제가 이렇게 복잡한지 몰랐습니다. 그러니까 뭐든 제대로 알려면 깊이 있게 공부해야 할 것 같습니다.

지연씨　세상의 어떤 일도 조금만 깊이 들어가면 모두 복잡합니다. 지식이란 도깨비방망이처럼 한 방에 모든 게 다 통하는 것도 아니고, 제한된 상황과 조건에 따라 적용되는 것이어서, 그 하나하나의 요소에 따라 검토할 수밖에 없습니다. 마치 몸에 열이 난다고 해서 무작정 해열제를 먹여 병을 치료할 수 없는 일과 같이, 열이 나는 원인을 다양한 각도에서 분석해 질병의 원인을 콕 집어내는 기술과 흡사합니다.

학부모　이제 무식하면 용감하다는 말도 이해됩니다. 근거 없는 확신과 맹신이 얼마나 일을 망치는지와 전문가들이 항상 신중한 까닭도 알겠어요. 지식이란 어떤 이론이나 범위 안에서 진리가 된다는 점도 그렇

고요. 그것을 너무 일반화시키고 크게 부풀려 떠드
는 사람치고 무식하거나 허풍쟁이가 아닌 사람이
없다는 사실도 깨닫게 되네요.

지연씨   그래서 『노자』라는 책에 "아는 자는 말하지 않고 말
하는 자는 모른다"라고 했고, 소크라테스는 "네 무
지를 알라"라고 했는데, 오늘날 새겨들을 만한 교
훈이긴 합니다. 어쩔 수 없이 말하지 않을 수 없다
면 신중하고 조심해야겠고, 어떤 사람이 입을 다물
고 있다고 해서 결코 무지해서만은 아니라는 점을
알았으면 좋겠어요. 또 떠들면 바닥이 다 드러나 보
인다는 점도 그렇고요.

학부모   정말 그렇군요. 인터넷 뉴스나 동영상 그리고 대화
방에 올라오는 글을 아무 생각 없이 보거나 읽곤 했
는데, 이제 그것도 신뢰할 수 있는지 일단 그 의도
부터 의심해 봐야겠네요.

사람이 있기에
벌어지는 일

도대체 나는 누구냐?
결정된 적 없는 인간 본성
내 안에 있는 불행의 씨앗
'내로남불'식 선악 판단
역사는 정말로 진보할까?

도대체 나는 누구냐?

지연씨가 대학 신입생이었던 오래전 강의 시간에 어떤 교수가 칠판에 '나는 누구인가?'라는 글을 쓴 다음, 10여 분 동안 심사숙고한 뒤 각자 발표하게 한 적이 있다. 지연씨를 포함한 대부분 학생이 어리둥절하며 제대로 답하지 못했다. 이제 갓 고등학교 졸업한 학생들이 그 무거운 질문에 어떻게 제대로 답했겠는가? 그로부터 오랜 시간이 지나 지연씨가 모 대학교 대학원에서 철학을 강의할 때 그때 일이 생각나서 똑같은 질문을 제시하였다.

지연씨   (칠판에 '나는 누구인가?'라는 글을 쓰고 한참 뒤) 이 질문은 내가 대학 신입생 때 어떤 과목 담당 교수가 낸 것입니다. 여러분은 철학을 전공하고 있으니, 훌륭한 답을 기대합니다. 누가 발표해 볼까요.

원생1   저는 종교철학에 관심이 있습니다. 논문도 그 방향으로 준비하려고 합니다. 기독교 전통에서는 '나'라고 말할 때 그 '나'는 육체에 해당하기보다 영혼을 두고 말한 것에 가깝습니다. 그것은 내가 태어날 때 하나님이 부여해 주었기에 내가 남과 구별되는 점 곧 나의 정체성은 오로지 이 세상에 하나밖에 없는 영혼 때문이라고 합니다. 그래서 사후에 심판을 받는 대상도 이 영혼인데, 이것이 해당 사람의 주인이기 때문입니다.

원생2   저는 인식론에 관심이 있습니다. 앞에서 말한 학우의 영혼론은 인식론의 관점에서 볼 때 합리적 근거가 희박합니다. 하느님의 존재도 증명하기 어렵지만, 육체를 무시한 개인의 영혼이 창조되어 정해져 있다는 주장 또한 더욱 믿기 어렵습니다.

원생3   (맞장구치듯) 맞습니다. 저는 학부 때 교육학을 전공했는데, 저의 엄마를 보면 영혼이 정해져 있는 것 같지 않습니다. 엄마의 영혼이랄까 자아가 나이 들면서 예전 같지 않고 많이 변했거든요. 저는 사람이 누구인지는 정해져 있지 않다고 봅니다. 경험에 따라 변하지 않을까 싶어요. 그래서 내가 누구인지는 솔직히 잘 모르겠어요. 어릴 때와 지금의 내가 다르고, 앞으로 내가 어떻게 변할지 모르겠거든요. 심한 치매를 앓거나 정신병 환자를 보면, 이전의 그가 아니라는 사실을 더욱 알 수 있어요.

원생2   저는 교육학을 전공했다는 학우의 관점을 어느 정도 따른다면, '나'란 해당하는 사람에 대한 '기억의 총체'라고 봅니다. 본인이 경험한 만큼, 제삼자라면 제삼자의 시각에서 그가 경험한 만큼 해당하는 사람을 규정할 겁니다. 결국 내가 누구냐 하는 문제는 경험이 만들어 낸 기억에 불과하다고 봅니다.

원생4   저는 유학(儒學)을 전공하고 있습니다. 경험이 나를 규정한다는 말에 완전히 동의하고 싶지는 않습니다. 내가 누구인가 하는 문제는 관계에 따라 결정된다고 봅니다. 그의 아버지가 볼 때는 자식이지만 그의 자녀가 볼 때는 부모이고, 그의 선생이 볼 때는 제자이지만 그의 제자가 볼 때는 선생이고, 식물의 관점에서는 동물이 됩니다. 이런 식으로 따져보면 관계를 떠나서 내가 누구인지 규정하기는 매우 어렵습니다.

원생5   저는 학부 때 생물학을 전공했습니다. 제가 평소 사람들을 볼 때 거기서 거기라는 생각을 자주 했습니다. 마치 물고기나 개구리처럼 개체 하나하나를 관찰하면, 약간의 차이점이 있어도 그 또한 무시할 정도로 가벼운 것입니다. 그것처럼 사람도 내가 누구냐고 따져봤자, 사람이 아닌 동물이나 식물이 만약 그것들이 생각할 줄 안다면, 사람이란 거기서 거기가 아닐까요? 그러니까 사람이 아무리 고상한 척해도 동물과 마찬가지로 먹이 찾고, 짝짓기하고, 새끼 기르고 뭐 그러면서 늙어서 죽지 않겠어요? '생각하는 존재'라고도 말하지만, 사람만 생각한다고 말할 수 없고, 실제로는 동물과 크게 다르지 않습니다.

지연씨   각자 다양하게 의견을 말했는데, 질문의 의도를 알아들은 의견도 있고, 인간이 무엇인지 답한 사람도 있습니다. '나는 누구인가?'라는 질문의 의도는 '해당하는 사람만의 그 무엇'이 어떤 건지 무엇인지 독립해 있는지 없는지 물어본 것입니다. 영혼이 있다는 학생부터 발표해 보죠.

원생1   인간 영혼의 기능 가운데는 이성이나 지성의 특징이 있습니다. 내가 그런 지성을 통해 산출한 지식이나 예술 작품 등은 나의 것입니다. 하나님이 나의 영혼에 그런 재능과 정체성을 부여해서 가능한 일이라고 봅니다. 그러니까 나의 영혼은 하나의 독립된 실체로서 영원히 존재한다고 봅니다. 당연히 내가 만든 작품에도 내 영혼의 특징이 포함되어 있습니다. 그 특징이 바로 나를 규정하지요.

원생2   제 생각은 그것과 다릅니다. 교육학을 전공했던 학우도 알고 있겠지만, 나의 지적 능력은 학습 곧 경험을 통해 연마한 뒤 발휘됩니다. 아무리 지능이 높게 태어난 사람도 교육이나 학습의 기회가 차단되면 고등 사고를 할 수 없습니다. 어릴 때 늑대 굴에 버려진 '늑대 소년'이 늑대의 보살핌으로 늑대처럼 변했다는 사례가 그걸 말해주고 있습니다. 내 경험의 총체가 나를 결정합니다.

원생5   경험이나 학습의 영향을 받는 인간성에는 유동성이 있지만, 그 사람의 성격과 신체의 특징은 유전자가 결정하므로 절대로 변하지도 남과 같지도 않습니다. 범죄 수사를 보십시오. 범인은 자기 유전자를 절대로 부인할 수 없습니다. 그러니까 나의 특징을 결정짓는 요인은 변할 수 있는 능력이나 앎이 아니라, 우리 몸이 갖고 있는 유전자입니다.

원생6   저는 불교철학 관련 논문을 준비하고 있습니다. 실체를 말할 때는 그것이 보편타당해야 한다고 봅니다. 그러니까 그것이 영원히 변치 않고 존재해야지요. 학우들이 말한 개인의 특징이랄까 정체성은 기독교 종교철학에 관심 있다는 학우를 제외하고 외모·성격·생각·행동 등은 모두 의존해 있고 잠정 상태입니다. 그러나 기독교 영혼의 경우 적어도 논리상에서만 볼 때는 비록 형이상학처럼 보여도, 그것이 해당 인간의 실체라는 점에서 보편성이 있습니다.

원생2   의존해 있고 잠정 상태라는 말은 실체가 아니라는 말로 들립니다. 자세히 설명해 보시죠.

원생6   예를 들면 어떤 사람의 외모와 성격은 부모로부터 물려받은 것이고요, 그가 가진 지식과 기능은 학습과 경험을 통해 획득하거나 연마한 것이며, 신체는 음식물 속의 영양분에서 온 것이죠. 유전자는 조상으로부터 물려받았고요. 이런 식으로 따져본다면 그런 것들은 분명히 잠시 내 것이면서도 영원히 내

것이 아닙니다. 그의 죽음과 함께 사라지는 것들이죠. 불교식으로 말하면 모든 게 인과 관계에 얽혀서 생겨난 것들이지요. 그래서 의존해 있고 영원하지 않기 때문에 잠정 상태인 것입니다.

원생1   (따지듯이) 그렇다면 나라는 실체가 있다는 겁니까? 없다는 겁니까?

원생6   (차분하게) 저는 잘 모르겠지만 불교에서는 없다고 합니다. 그것을 제법무아(諸法無我)라 하지요. 지금 존재하는 나를 부정하지는 않습니다만, 단지 그것이 잠정 상태이며 임시로 있다는 뜻으로 가아(假我)라 부르고 있습니다.

원생7   저는 논리학에 관심이 있습니다만, 불교의 논리는 시간을 배제합니다. 그러니까 만물을 무한대의 관점에서 보죠. 우주를 포함한 모든 만물은 인과 관계에 따라 생성되었으므로 실체가 없고. 다 변하기에 이렇게 너무 긴 시간에서 보면, 현실을 벗어나니 모든 게 허무하고 의미 없어 보여요. 비현실·비역사적일 수 있지요. 다만 욕심을 버리고 편안한 마음으로 살라는 인생의 태도에는 도움을 주겠지만 말이에요.

원생6　(눈살을 약간 찡그리며) 불교에서 현실을 무시하지 않습니다. '인연'이란 말이 상징하듯 경험·관계·유전·기억·환경 등이 종합되어 개체의 특징을 이루니, 각자가 자기를 이루는 인연을 잘 맺으라는 겁니다.

지연씨　자, 여러분 내가 누구인지 말할 수 있겠습니까? 어렵죠? 학문과 종교에 따라 다양하게 개인의 정체성을 말할 수는 있지만, 합의점을 찾아내기가 쉽지 않아 보입니다. 합의된 견해를 도출하려면 정해진 범주나 조건 내에서 해당 사람의 정체성을 말해야 하겠지만, 보다 객관성과 합리성이 있어야 설득력이 있을 것입니다. 아마 이런 점 때문에 제가 대학 신입생 때 해당 교수가 다양한 각도에서 공부하라고 이런 주제를 가지고 질문했는지 모르겠습니다. 여러 관점에서 공부를 많이 해야겠지요?

원생2　그렇다면 교수님께서는 개인의 정체성을 어떻게 규정합니까?

지연씨　저는 개인의 영혼이나 본성이 이미 결정되었다는

결정론 따위를 인정하지 않고, 기질 요소 곧 유전자에 각인된 타고난 요소와 학습 요소인 환경이 상호작용하여 한 인간의 특성이 형성 내지 발달한다고 믿습니다. 다만 긴 시간을 전제하고 말하면 불교식의 설명과 유사하겠지만, 우리가 사는 현실의 역사를 중시하면서 볼 때는 해당 사람의 전 생애를 종합해서 판단하는 거죠. 먼저 삶의 배경으로서 해당 인물의 환경과 사회적 처지를 살펴본 다음, 그의 외모와 성격과 인간관계, 그리고 그가 생각한 우주관·인간관·가치관 등과 그의 행적을 분석하여 정체성을 따져보는 거죠. 어떤 작가나 철학자를 연구하듯이 말이에요.

원생2   그러니까 어떤 이론의 도움 없으면, 사람은 자기 자신도 누구인지 제대로 모르겠네요.

지연씨   아주 좋은 판단입니다. 몸에 얽매인 기억의 잔상뿐이겠죠. 그것을 자기라 굳게 믿을 것이고.

결정된 적 없는 인간 본성

지연씨는 한 달 가운데 첫째와 셋째 토요일에 열리는 어떤 철학 회의 세미나에 참석한다. 참여하는 사람은 지연씨가 졸업한 대학원의 후배 박사들이다. 모두 전통 철학으로 학위를 받았다. 마침 『맹자』를 읽고 자신의 의견을 쓴 명나라 말기 왕부지(王夫之)의 글을 읽으면서 토론하였는데, 오늘은 인간의 본성이 주제였다.

사회자   오늘 『맹자』에서 말한 인간의 본성을 정리하고, 그 본성에 대한 후학들의 견해를 함께 논의하도록 하겠습니다. 사실 우리 전통에서 말하는 본성이란 타고난 천성으로 해당 종류의 사물이 갖는 고유한 특성을 말합니다. 전통 철학에서는 이 본성에 대하여 아주 이른 시기부터 논의하였는데, 먼저 『맹자』에서 말한 인간의 본성이란 정확히 어떤 것이죠?

김박사   인의예지(仁義禮智) 같은 덕목을 본성의 내용으로 보

았는데, 이것은 사실상 인간의 도덕에 관련된 규범
이나 가치를 본성으로 여긴 견해입니다.

원박사 　그 대척점에서 순자는 본능에 관계된 내용을 본성
으로 삼았는데, 대신 인간은 인위를 통해 바람직하
게 된다고 보았습니다. 어떻든 순자든 맹자든 타고
난 천성을 본성으로 보았다는 점은 일치합니다.

사회자 　벌써 맹자와 순자의 경우만 보더라도 본성의 내용
이 다릅니다. 정확히 인간의 본성이 무엇인지 분명
하게 정의해 볼 필요가 있을 것 같습니다.

함박사 　저는 맹자와 순자 이전에 이미 공자가 "인간의 본성
은 가까운데 익힌 것에 따라 차이가 멀어진다"라고
했는데, 이로부터 본성 개념을 추론할 수 있습니다.
곧 가까운 점과 달라지는 점을 찾아보면 가능할 것
같습니다.

지연씨 　순자나 맹자나 모두 공자의 학문을 이은 유가인데,
제가 볼 때는 이 두 사람의 본성 내용이 각자 그 '가
까운 것'과 '익힌 것에 따라 차이가 멀어지는 것'의
두 방향으로 전개된 것처럼 보입니다만.

사회자   재미있는 발상입니다. (지연씨를 바라보며) 더 자세히 설
        명해 주시죠.

지연씨   '가까운 것'이란 생물의 본능을 말합니다. 바로 순
        자가 말한 것이지요. '익힌 것에 따라 차이가 멀어
        지는 것'은 학습으로 말미암아 규범을 내면화한 본
        성인데, 바로 맹자가 바람직하게 보는 인의예지 같
        은 것입니다. 물론 순자는 그것을 인위(人僞)로 보았
        습니다만, 저는 인간 본성의 요소로서 바로 이 두
        가지가 있다고 봅니다. 본능 요소와 규범 요소가 그
        것으로, 전자는 상수이고 후자는 변수라고 할 수 있
        지요. 그러니까 적어도 인간의 본성이란 애초에 결
        정된 적 없고, 살아가면서 형성되므로 천성이 곧장
        인간의 본성이라는 개념은 수정되어야 합니다.

김박사   (단호하게) 저는 그 의견에 찬성하기 어렵습니다. 공자
        가 말한 '비슷한 것'이란 인간만이 가지고 있는 인
        의예지와 같은 성품이고, '익힌 것에 따라 차이가
        멀어지는 것'은 그 가까운 성품이 나쁜 습관으로 말
        미암아 퇴색되므로, 둘의 차이가 벌어졌다는 것입
        니다. 그래야 맹자의 성선설에 들어맞습니다.

사회자 재미있습니다. '익힌 것에 따라 차이가 멀어지는 것'이 좋은 쪽으로나 나쁜 쪽으로 해석될 수 있다는 것이. 그렇게 보는 데는 철학의 배경이 있을 것 같은데요.

김박사 제 의견은 성리학의 전통에 따라 인의예지와 같은 인간의 본성은 천리(天理)로서 갖추어진 것입니다. 천리는 자연의 이치로 정해져 있어서 불변합니다. 그러니까 사람은 모두 똑같은 본성을 가지고 있지만, 몸이 가진 기질의 영향을 받아 다르게 발휘될 뿐입니다. 전자를 본연지성(本然之性), 후자를 기질지성(氣質之性)이라 부릅니다만.

지연씨 김 박사님의 의견은 맹자의 성선설을 따른 주희의 성리학 영향으로 동아시아 역사에서 한동안 지지를 받았던 내용입니다. 그것은 인간의 본성을 이미 형이상학으로 규정한 논리입니다. 잘 알다시피 형이상학은 증명할 수 없는 난점을 지니고 있습니다. 게다가 인간의 윤리는 자연법칙처럼 자연 상태로 주어지지 않지요.

김박사　　인간의 윤리가 자연 상태로 주어지지 않았다는 데
　　　　　좀 더 설명이 필요합니다만.

지연씨　　우리 전통에서 인의예지를 인간의 본성이라 규정한
　　　　　일은 사실상 그 문화에서 용인하는 가치나 규범을
　　　　　내면화한 결과라 봅니다. 그래서 인의예지는 덕(德)
　　　　　이고, 그것을 보통 '얻었다'는 득(得)으로 풀이하는
　　　　　방식도 그 점을 말해주고 있지요. 그래서 자연 상태
　　　　　로 주어진 것이 아니지요. 공룡이 살았던 시대에 오
　　　　　륜이 있었겠어요?

사회자　　그 논리를 따른다면 사람마다 문화마다 이런 본성
　　　　　에 차이가 있을 수 있겠네요.

지연씨　　그렇습니다. 같은 문화 속에 살아도 보통 '누구의
　　　　　인간성이 어떻다'라고 할 때, 미묘한 차이를 말하고
　　　　　있는 것이지요. 물론 공통점도 있습니다만.

최박사　　(실망한 표정으로) 그렇다면 고대인과 현대인, 서양인과
　　　　　동양인의 인간성이 다르겠네요.

지연씨　　다르거나 같을 수도 있습니다. 공통점과 차이점이
　　　　　있기 때문이지요.

사회자　본성의 개념을 이렇게 다르게 본다는 점이 흥미롭습니다. 그런데 이런 본성 개념은 '타고난 천성으로 해당 사물이 갖는 고유한 특성'이라는 전통의 본성 개념과 어긋나 보입니다. 부연 설명이 필요합니다.

지연씨　앞에서도 말씀드렸지만, 인간이 타고난 본성의 요소는 생물의 그것뿐이지요. 뿔뿔이 헤어져 생존에만 급급한 원시인들에게 인의예지가 있었겠습니까? 그러다가 그 생물의 본능을 효율적으로 실현하기 위해서 사회를 이루어 살았지요. 그 '사회'라는 말속에는 이미 사회 구성원의 이익을 위한 규범이나 질서, 더 폭넓게 말한다면 문화가 전제되어 있고, 그것이 구성원 몸의 항상성이랄까 본능을 실현하는 배경이 되는데, 그 문화에서 규정하는 가치를 내면화한 내용이 본성의 한 요소가 된다고 봅니다. 그러니까 인의예지도 유교 문화에서 높이는 가치이고, 그것이 유교 문화가 지배하는 사회 속에서 내면화된 인간 본성 가운데 하나가 되었다고 봅니다. 내면화된 가치가 사람마다 똑같지 않아서 이른바 '익힌 내용에 따라 차이가 멀어지는 것'이지요.

김박사   그렇다면 인간의 본성이 이렇게 생물과 사회의 요소로 양분됩니까?

지연씨   논리상 양분되지만, 실제로는 그렇게 되지 않는다고 보는 게 좋겠지요. 현실에서 발휘되는 인간의 본성이란 본능과 사회 규범의 통일체라고 보는 것이 맞지 않을까요? 마치 인간의 인격이 삶의 과정에서 유전과 환경의 상호작용으로 형성되듯이 말이에요. 다만 개념상 육체의 욕망과 사회 규범에 따른 행동을 제각기 확연히 구분할 필요가 있어서, 전자를 따르면 소인이고 후자를 따르면 군자라 칭하겠죠.

사회자   전통에서는 본성을 변화하는 문화와 대립하는, 다시 말해 타고나거나 고정된 무엇으로 보려는 경향이 강해 형이상학식 설명의 유혹을 벗어나기가 어려웠겠죠. 이 박사님이 규정한 본성은 물론 그것과 다릅니다만, 개인의 인품 또는 품성과 혼동할 수 있습니다. 그것과 차이점을 들려주시겠습니까?

지연씨   집합으로 말하면 인품은 개별 인간에, 본성은 인류의 그것에 해당하겠네요. 본성 자체가 원래 개별 사물의 그것만을 두고 말하는 것이 아니라, 인간이나 개나 말 등의 특정 부류를 두고 적용하는 개념이 아니었습니까? 다만 개별 인간을 두고 본성을 말할 때도 이렇듯 보편성이 없지는 않으나, 문화나 개인에 따라 차이가 있을 수밖에 없습니다.

사회자   그렇다면 인간 본성이 문명이나 문화에 따라 다양할 수밖에 없다는 추론이 가능합니다. 가령 유교의 가치가 지배하는 조선 시대의 인간과 자본주의 체제에 사는 현대인의 인간성이 같을 수는 없습니다. 그렇다면 이 박사님의 이론에서 어떻게 인간 행위의 좋고 나쁨을 판단하고 선악의 기준을 세울 수 있을까요? 성리학이나 기독교 철학보다 매우 어려운 점이 있어 보이는데, 어떻습니까?

지연씨   저의 철학은 성리학이나 기독교 철학과 달라서 선악 판단의 '절대 기준'을 전제하지 않습니다. 사실 이 문제는 다소 복잡한 주제여서 다 말하려면 많은 설명이 필요합니다. 다만 그것을 본성과 관련지어 말한다면, 각자가 해당 문화의 보편 규범이나 가치를 잘 내면화해서 실천했는지 어떤지에 따라 사람들이 좋음이나 나쁨으로 평가하겠지요. 이는 오로지 문화에 근거한 판단인데, 문화의 다양성은 결국 인간성의 다양화로 연결되어 타문화를 존중할 수밖에 없지요. '절대 기준'이 없기 때문에요. 어쩌면 그 '절대 기준'도 따지고 보면, 해당 문화의 보편성을 추상화하고 절대화한, 또는 보편적이지만 지극히 형식적 진술에 지나지 않습니다.

사회자   오늘은 본의 아니게 이 박사님이 발언할 기회가 많았습니다. 그것은 인간 본성 개념이 전통의 그것과 달랐기 때문입니다. 원전을 해석하는 세미나만 하다가 가끔은 이런 주제로 논의하는 것도 의미가 있네요. 모두 수고하셨습니다.

다함께   (큰 소리로) 오늘 저녁 식사 메뉴와 장소는 이 박사님이 정하세요.

내 안에 있는 불행의 씨앗

우리나라에는 다양한 종교가 있다. 전통 종교만이 아니라 외래종교, 그리고 한국에서 자생한 신종교까지 합친다면 그 수는 적지 않다. 그런 배경에서 다음 글은 지연씨가 어느 시민 강좌에서 '종교 간 갈등과 화합'이라는 주제로 한 강의 시간의 끝부분에 있었던 일이다.

지연씨   지난 코로나19 유행 때 살아가기 참 힘들었지요? 게다가 당장 내게 닥치는 가난·재난·불의·불평등·폭력 등이 없더라도 온갖 걱정과 근심 등이 머리에서 떠나지 않지요? 가난한 사람들은 돈이 많으면 그것들로부터 자유롭게 될 것이라고 여기지만, 실상은 꼭 그렇지 않아 보입니다. 돈이 많은 부자라도 부자 나름대로 근심과 걱정 그리고 불만이 있기 때문이지요. 이처럼 누구의 처지에서 보더라도 세상은 부조리하게 보입니다. 이렇게 세상이 왜 부조리한지, 도대체 불행의 근원이 어디서 유래하는지 각자가 따르는 종교의 관점 또는 평소 생각을 발표해 보겠습니다.

청중1 제가 믿는 종교의 가르침에 따르면 하나님이 창조한 최초 인간이 타락한 원죄로 부조리가 생겼다고 합니다. 죄를 용서받으려면 예수님을 믿어야 하는데, 그렇지 않아 세상이 더 나빠졌습니다.

청중2 (머리를 좌우로 흔들며) 그 말은 '예수 천국, 불신 지옥'과 같은 논리입니다. 저는 그 말을 문자대로 믿지 않습니다. 예수를 믿었던 과거 서양 사회는 부조리가 없었습니까?

청중1 (당당하면서 단호하게) 그것은 예수님을 잘못 믿었기 때문입니다. 제대로 믿었다면 좋은 사회가 되었을 것입니다.

청중2 그런 원인과 논리는 어떤 종교나 철학도 다 말할 수 있습니다. 제가 믿는 종교에 따르면 세상의 부조리는 쌓인 인간의 원한 때문입니다.

청중1 (의아한 표정으로) 쌓인 '원한'이 무슨 힘을 발휘합니까?

제게는 미신으로 보일 뿐입니다만.

청중3   그건 어쩌면 과거 민간신앙이나 무속에서 말하는
         내용과 유사한데, 자세히 말씀해 주시겠습니까?

청중2   제가 가방끈이 짧아서 정확히 말씀드릴 수는 없지
         만, 이런 설명은 액면 그대로 이해할 일이 아니라
         어떤 내용을 상징이나 은유로 표현한 말로 이해합
         니다. 가령 '원한'은 그것을 갖게 만든 세력인 지배
         층이 민중을 억압해서 생기므로, 지배와 피지배의
         관계 속에서 세상의 부조리가 생겼다고 말할 수 있
         습니다. 그 결과가 민중의 시각에서는 '원한'이라
         말할 수 있겠지요. 예컨대 과거 동학운동 때 얼마나
         많은 사람이 살육당했습니까? 몇십만 명을 죽였다
         고 합니다.

청중3   역사를 지배층과 피지배층의 두 계급으로 나누어
         설정하고, 부조리가 이 두 계급의 갈등 또는 전자의
         횡포 때문에 생긴다는 주장은 마르크스주의의 설
         명과 유사합니다. 마르크스주의는 경제의 관점에서
         세상을 바라보았고, 역사의 부조리가 주로 지배층

의 착취에서 비롯한다고 보기 때문입니다. 해당 종교가 정말 그렇게 본 것인지 발표자의 해석인지 알 수 없으나, 꿈보다 해몽이 더 좋을 수도 있겠습니다.

청중2   해몽이 더 좋다는 말은 칭찬으로 듣겠습니다만, 제가 믿는 종교는 민중의 입장과 처지가 가르침에 반영되어서 그런 해석은 당연합니다. 다만 마르크스주의는 경제 문제에만 초점을 맞추어 수평적 평등을 강조했다면, 저의 종교는 세상의 부조리를 극복하면서 각자의 쌓은 공덕에 따라 대우가 달라지는 것입니다. 일종의 쌓은 공덕과 영적 능력에 따른 차등을 인정하자는 것이지요.

청중4   저는 '원죄'니 '원한'이니 하는 가르침은 진리를 설명하기 위한 일종의 방편이라 봅니다. 진리를 쉽게 이해하기 위한 도구 말이죠. 불교에서는 세상의 부조리랄까 불행은 인간의 탐욕과 진노와 어리석음의 탓이라고 콕 집어 가르치고 있습니다.

지연씨   일리가 있습니다. 그렇다면 앞의 두 분이 말한 내용이 불교에서 말하는 방편에 해당한다면, 각각 무엇을 상징하고 있는지 설명할 수 있겠습니까?

청중4　　　타 종교의 교리나 진리에 대해서 저는 잘 모릅니다
　　　　　만, 제 관점으로는 설명할 수 있는데, 물론 제가 오
　　　　　해할 위험성도 있습니다. 기독교의 원죄도 인간 부
　　　　　조리의 원인을 신화로 쉽게 설명하려는 방편이라는
　　　　　겁니다. 이브가 선악과를 따먹은 동기가 뱀의 유혹
　　　　　으로 그것이 맛있어 보이고 먹음직했다는 것과 지
　　　　　혜가 밝아서 하느님과 같이 되고자 하는 것 등인데,
　　　　　모두 자유의 남용으로 인한 과도한 욕망 추구와 관
　　　　　련 있어 보입니다. 그 죄의 결과가 부조리로 상징되
　　　　　는 노동과 해산의 고통 등인데, 그걸 역으로 따져보
　　　　　면 욕망 성취를 위해서는 그런 고통이 수반된다는
　　　　　인간 실존의 표현으로 보입니다. 그리고 원한 또한
　　　　　욕망을 성취하지 못하거나 그것을 강제로 좌절시킨
　　　　　데서 나오는 현상의 은유로 봅니다.

청중1　　　그렇다면 욕망 외에 무지와 분노가 왜 부조리의 원
　　　　　인인지 말씀해 주시겠습니까?

청중4　　　그건 상식의 수준에서 해결될 것 같은데요. 가령 어
　　　　　린아이가 자기가 싼 똥을 만지작거리며 주위를 더
　　　　　럽히는 일은 그 일의 결과를 잘 모르기 때문이잖아

요? 마찬가지로 어떤 질병이나 일에 대해서도 그 원인과 결과를 잘 몰라서 부조리가 수반되었지요. 특히 근대 이전에는 더 많았습니다. 불교에서는 인간이 자신과 세계의 본질을 모르기 때문에도 부조리가 생긴다고 보고요. 진노 또한 개인의 그것도 문제지만 나라의 지도자가 진노하면, 그 파급되는 역효과가 온 나라에 미치지요.

청중5   저는 유교에서 말하는 성현들의 가르침을 따르는데요. 세상의 부조리는 대부분 인간으로 인해서 생깁니다. 부조리든 불행이든 모두 인욕(人欲) 곧 인간의 지나친 탐욕 때문에 생긴다고 봅니다. 그런데 그 탐욕이라는 것이 착한 성품을 덮고 가리는 육체의 병폐 때문이지요.

청중1   누구의 탐욕을 말합니까? 인간이 타락했다는 기독교의 관점과 별로 다르지 않습니다만.

청중5   기본적으로 모두에게 해당하지만, 특히 지배 계급에 해당하죠. 하지만 인간 본성 그 자체는 타락한 것이 아닙니다. 그 부조리는 육신의 탐욕이 타고난 착한 성품을 제대로 발휘하지 못하게 하기 때문이지요.

청중4　불교도 사람마다 부처의 성품을 갖고 있지만, 대부분 사물을 제대로 못 보는 아집과 욕심으로 그걸 깨닫지 못하고 있다는 점에서 유학과 비슷하네요.

청중6　저는 종교가 없습니다만, 인간의 부조리가 지나친 탐욕 때문에 생긴다는 말은 인정할 수 있겠지만, 인간이 착하게 태어났다는 점은 받아들일 수 없습니다.

청중5　(화내듯이 다짜고짜) 그럼 인간이 나쁘게 태어났다는 겁니까?

청중6　그런 것은 아니지만, 자연 현상에 선과 악이라는 잣대를 들이댈 수 있는지 의문입니다.

청중5　그럼. 어떻게 해서 선악이 생깁니까?

지연씨　(말리듯) 잠깐만요. 선악의 기원에 대해서는 본 강좌의 주제도 아니고, 매우 복잡해서 긴 설명이 필요합니다. 일단 오늘은 세상의 부조리와 불행의 근원에 대해서만 논의해 보지요. 그걸 이해하기 위해 귀납법 방식으로 각종 사례를 종합해 따져보지요. 먼저 불행하게 만드는 사례를 열거해 보시겠습니까?

청중1   세상의 온갖 전쟁과 부조리가 생기는 원인은 한마
        디로 '서로 사랑하라'라고 한 하나님의 말씀을 따르
        지 않고 서로 싸우기 때문에 생깁니다.

청중6   (따지듯이) 유대교 또는 기독교와 이슬람교 사이에 일
        어난 전쟁은 적어도 겉으로는 각자가 믿는 하나님
        을 잘 따라서 생긴 것 아닙니까? 중세의 십자군 전
        쟁도 그런 연장선 아닙니까? 구약성서에도 다른 종
        족과 전쟁하는 것이 등장하잖아요? 이때의 야훼는
        전쟁의 신으로밖에 보이지 않습니다.

청중1   (확신에 찬 표정으로) 구약성경의 그것은 하나님을 섬기
        지 않고 우상을 숭배하는 사악한 종족을 신이 직접
        간여하여 벌주는 것이라 보아야 하고요. 현대와 중
        세의 그것은 정치 지도자가 하나님 말씀을 따라 평
        화를 사랑하지 않았기 때문이지요.

청중6   저는 자신을 섬기지 않는 종족을 벌하는 하느님의
        행위 자체가 부조리로 보입니다만, 저로서는 이해
        할 수 없습니다. 또 정치 지도자들이 하느님의 가르

침을 제대로 따르지 않아서 전쟁했다는 견해는 그
럴듯합니다만, 그 경우 종교가 너무 무력하다고 생
각합니다. 정치가들에게 이용만 당하니까요.

청중1 그런 정치가는 훗날 벌을 받겠지요. 그래서 천국과
지옥을 두어 경고하는 겁니다. 신앙을 제대로 가진
다면 이해가 될 겁니다.

청중6 저는 전쟁도 그 사례 가운데 하나이지만, 근본적으
로 재화는 한정되어 있고 인간 욕망은 무한하니까
그 불균형 때문에 부조리가 생긴다고 봅니다.

청중3 그 말이 아예 틀렸다고 생각할 수 없지만, 그보다
자원의 균등한 배분을 거부하는 부자나 부자 나라
들의 탐욕 때문이라 봅니다. 지금 세계에 굶주리는
사람들이 있다는 사실은 자원이 부족해서가 아니
라, 한쪽에 쏠려 있기 때문입니다. 힘 있는 자들이
힘없는 자들을 착취하는 일도 그 가운데 하나라고
봅니다. 힘 있는 자들은 경제력이 있을 뿐만 아니
라, 그것으로 제도의 보장을 받아 항상 유리한 위치
에 있지요. 법도 정치가가 만들고 그 정치가도 돈이
있어야 할 수 있으니까요. 결국 기득권 집단이 법과

권력과 언론과 교육 등 모든 제도의 혜택을 받아서, 그보다 못한 민중에게는 부조리가 될 수밖에 없습니다.

청중4   (머리를 좌우로 흔들며) 그렇다면 사회의 강자 곧 힘 있는 자들에게는 불행이 없어야 하는데, 그들이 모두 행복했다는 말은 들어보지 못했습니다. 이 경우 그들이 겪는 부조리의 근원은 무엇일까요?

청중2   (퉁명스럽게) 더 많이 못 가져서 생기는 거겠지요. 지나친 탐욕 때문이라고 봅니다.

청중5   맞습니다. 아파트 한 채만 있으면 사는 데 지장이 없는데도 여러 채 가지려고 하거든요. 거주하기 위해서가 아니라 가격을 올려 손쉽게 돈을 벌 목적으로 말입니다. 그러니 집 없는 서민과 젊은 세대에게는 불행한 일이지요. 결국 불행의 원인은 가진 자의 지나친 탐욕 때문입니다. 그래서 성현들은 항상 그것을 제거하고 참다운 사람이 되라고 했습니다.

청중1   예. 그래서 성경 말씀에 '부자가 천국 가는 일이 낙타가 바늘구멍 들어가는 일보다 어렵다'라고 했습니다. 천국에도 못 가면 결국 불행하게 되고.

지연씨 부자들이 만약 불행하다면, 다 채우지 못한 탐욕 외에 또 다른 요인도 있겠죠. 가령 쾌락의 지루함과 공허함 등이겠죠. 그런데 지금까지 거론하지 않은 부조리의 원인이 되는 사례에는 질병이나 자연재해도 있습니다. 전근대 사회에서는 더 심했겠죠.

청중3 저는 종교의 독단도 무지와 연결되어 사람들을 불행하게 만들었다고 봅니다. 과거의 신화를 문자 그대로 믿거나 또 중세에나 먹히던 낡은 신학을 무작정 신봉하는 무지가 그것이라 봅니다. 우리가 단군신화를 액면 그대로 믿지 않듯이 그것도 오늘날에 맞게 해석해야 한다고 봅니다.

청중6 종교의 가르침도 해석해야 한다는 데는 전적으로 동감합니다. 그 가르침에 무지해서 잘못을 저지르는 일이 무척 많습니다. 달을 보지 못하고 그것을 가리키는 손가락만 보기 때문이지요. 그래서 사회의 중요한 결정에 잘못된 신앙을 가진 광신도들이 적극 참여하면 도리어 사회가 불행해질 겁니다.

청중4　　보통 사람들은 물질을 많이 가지거나 유명 인사가
　　　　되거나 또는 권력을 가지면 행복할 것이라는 믿고
　　　　있는데, 참된 행복은 그런 데서 오지 않습니다. 그
　　　　것은 결국 마음이 만들므로 지혜가 있어야 합니다.

지연씨　　자, 정리할까요? 오늘 강좌는 제 말이 필요 없을 정
　　　　도로 논의가 활발했습니다. 세상의 부조리 또는 불
　　　　행을 일으키는 일은 많이 있고, 그것을 학문이나 종
　　　　교에 따라 다양한 방식으로 설명하고 있습니다만,
　　　　종교의 가르침도 그 표피적 진술을 벗기고 그 상징
　　　　과 은유의 의미를 제대로 해석하면, 철학적으로 보
　　　　편성 있게 정리할 수 있습니다. 그것은 곧 인간 개
　　　　인들의 지나친 탐욕과 무지 때문이라고 할 수 있습
　　　　니다. 특히 탐욕으로 인해 정보와 재화의 소통이 없
　　　　거나 적어서 상생의 도리가 실현되지 않아서죠. 비
　　　　록 그렇지만 사람은 주어진 환경과 조건에만 행복
　　　　감이 제약되지 않습니다. 달리 말하면 각자의 행복
　　　　은 삶의 만족도에, 더 근원적으로는 공부를 통한 깨
　　　　달음에 달려 있겠지요. 삶의 조건만 가지고 행복과
　　　　불행을 재단한다면, 하루도 버티지 못하는 사람들
　　　　이 많을 겁니다. 그래도 삶의 희망을 버리지 않고

나름의 즐거움을 누리며 사는 데는 그런 가운데서도 비록 작더라도 행복의 또 다른 요소가 있기 때문이 아닐까요?

청중1   (툭 튀어나오며) 그러니까 불행하게 되는 일은 남 탓도 있지만 내 탓도 있다는 말씀이지요?

다같이   (지연씨가 대답하기도 전에 한목소리로) 그런 것 같네요.

'내로남불'식 선악 판단

코로나19가 온 세계에 유행하자 사람들이 모일 수 없었다. 어떤 장소든 일정 인원 이상 모이는 일이 금지되었다. 수업도 강의도 회의도 대부분 온라인으로 진행했다. 이렇게 되니 '광화문 태극기 부대'도 갈 곳을 잃었다. 지연씨의 친구 김반석도 나갈 모임이 없어 인터넷 단체 대화방에 여러 동영상을 퍼 나른다. 하다못해 지연씨가 따로 만나 그 문제를 따졌다.

지연씨   (영상통화로 상대의 얼굴을 보며) 이보게. 남의 주장만 이렇게 열심히 퍼 나르니, 자네도 할 일이 그렇게 없는가? 동영상을 올린 사람은 수입이라도 챙기지만, 그걸 옮기는 자네는 또 뭔가?

김반석   이 사람아, 돈보다 더 중요한 게 있지. 공유한 동영상 한 번이라도 보고 공감한 일이 있는가?

지연씨   한두 번 봤지만, 대부분 가짜 뉴스에다가 왜곡과 편
        견으로 선동하는 주장일 뿐이어서, 낯설고 불편해
        더 보고 싶지 않았네.

김반석   (머리를 가볍게 좌우로 흔들며) 오해야. 자네는 신앙도 없고
        우리 역사도 제대로 모르니 낯설겠지만, 현 정권이
        얼마나 사악한 종북세력인지 자네는 잘 몰라. 그래
        서 보고 깨달으라고 공유했고.

지연씨   (목소리를 높이며) 내가 우리 역사를 제대로 모른다는
        말은 자네의 억측이네. 현 정권을 지지하는 사람들
        은 도리어 자네 같은 사람들이 시대착오여서 민족
        과 국가의 장래에 해악만 끼친다고 비판하던데?

김반석   모르시는 말씀. 하나님을 부정하고 전쟁을 일삼는
        공산주의는 악 그 자체야. 그 집단과 손잡고 나라가
        그렇게 되기를 만드는 자들도 마찬가지일세.

지연씨   헐~. 그래서 '태극기 집회'에 미국 국기를 드는구
        먼. 자네 논리라면 '태극기 집회'를 주최한 측과 미
        국이 하느님의 뜻을 잘 실천한다고 보는가?

김반석   당연하지.

지연씨　　자네 생각에는 크게 두 가지 문제가 있네. 하나는 자네가 참여하는 집단이 스스로 하느님 편이라고 믿는 일이고, 또 하나는 자네들이 믿는 하느님만이 선하다는 생각이 그것일세. 하지만 나는 그 사람들이 모두 하느님의 뜻대로 행동한다고 믿지는 않네.

김반석　　그건 나도 마찬가지야. 양 떼 속에는 염소가, 곡식 속에는 가라지가 항상 섞이기 마련이지. 하지만 하나님만 선하다는 생각은 틀림없는 사실이네.

지연씨　　(차분하게) 사실 나는 종교인이 아니니까 하느님이 있는지 없는지도 증명할 수 없어서, 그가 선한지 어떤지 말할 처지는 아니야. 다만 종교의 신념으로 세속 국가의 이념이나 정책을 선악의 잣대로 좌지우지하려는 행동은 도저히 용납할 수 없네. 특정 종교인들만의 나라가 아니기 때문이지.

김반석　　자네 말도 일리가 있지만, 결국 선악이란 정해져 있고, 나라가 선하게 운영되어야 한다는 생각은 조금도 양보할 수 없네. 하나님이 선의 근거이기 때문에 그 말씀을 기준으로 언급하는 것뿐이고.

지연씨   그 말은 선악이 원래부터 정해져 있다는 뜻으로 들리는데?

김반석   당연하지 않은가? 선과 악은 물과 기름처럼 정해져 있지 않은가? 살인은 악이고 자선은 선이라는 것쯤은 모르는 사람이 없겠지?

지연씨   자네는 무언가 착각하고 있네. 살인은 악이 아니라 악한 행동이고, 자선 또한 선이 아니라 선한 행위일세. 선과 악이 나무나 돌멩이 같은 물건처럼 존재하는 보통명사가 아니라 추상명사라는 점을 알았으면 좋겠어. 학생 시절 공부를 잘했으니까 영어 문법에 'the＋형용사'가 추상명사로도 쓰인다는 사실쯤은 잘 알고 있겠지? 다시 말하면 선과 악이 원래 형용사에서 왔다는 뜻이지. 기독교 내부에서조차 악은 비존재(非存在)로서 아무 원인도 갖지 않은 순순한 '선의 결핍'으로 보는 견해도 있네.

김반석   그게 무슨 궤변인가? 선과 악이 절대적으로 정해져 있지 않다면 참된 행위의 기준이 없어지는데, 철학을 공부하더니 머리가 이상하게 된 게 아닌가?

지연씨   내 이야기를 끝까지 들어보게. 선과 악을 전혀 모르는 어린아이들은 자기에게 잘해주면 좋은 사람, 때리거나 야단치면 나쁜 사람이라고 여기는 것쯤은 우리가 경험을 통해 잘 알고 있겠지? 아마 원시인들도 그랬을 거네. 이 '좋다' '나쁘다'라는 형용사가 추상화된 관념이 선과 악이라는 걸세. 영어의 'good'과 한자의 '善'도 원래는 '좋다'라는 형용사였네. 또 한자 善의 반대어는 惡이 아니라 '不善'이었고. 곧 '좋지 않다'라는 뜻이지. 惡이라는 말도 본래의 의미는 '모질다'라는 형용사이고.

김반석   그러니까 선악이 본래부터 정해져 있지 않고 형용사로부터 생겨났다는 사실은 어떤 대상을 형용하는 곧 인격체가 판단하는 가치로 보이고, 더 큰 문제는 선악이 상대적이어서 혼란을 부추길 수 있다고 보이는데.

지연씨   제대로 보았네. 판단할 인격체가 없으면 선악이 성립되지 않지. 인격체가 살지 않은 세계에 선악이라는 잣대가 필요할까? 또 선악이 상대적인 까닭은 대부분 인격체가 자신의 이득을 놓고 평가하는 '내로남불' 같은 것이기 때문이야. 그래서 자신에게 유리하면 선이고, 그 반대면 악이 되는 걸세. '태극기 집회'에 참석하는 사람이든 또 그것을 반대하는 사람이든 각자의 관점에서 선악을 따지게 되는 거고. 마치 미국과 북한이 각자의 상대를 악이라고 규정하는 것과 같은 논리네.

김반석   왜 이렇게 정해진 선악이 없다고 보는가? 하나님을 믿지 않으니까 그렇게 보는가?

지연씨   꼭 그렇지는 않지. 인격신을 믿지 않았던 과거 유학자들 가운데도 절대적 선의 근거로서 천리(天理)라는 '태극'이 존재한다고 믿었네. 내가 선악이 없다는 주장은 자연적 존재에 해당하고, 다만 인간의 판단이나 생각 속에만 그것이 존재한다는 사실을 말한 것뿐이야. 그마저도 상대적이고.

김반석   (이해할 수 없다는 표정으로) 그렇다고 해도 누구나 동의하는 보편타당한 선행과 악행이 있지 않은가? 가령 앞서 말한 살인이나 자선처럼 말일세. 그것마저 상대적 입장에 따라 규정할 수 있는가?

지연씨   살인과 자선도 그 행위의 동기를 따져보면 더 잘 알 수 있겠지. 자네 말의 의도는 절대적인 선과 악의 기준이 있어야 한다는 말로 들리는데, 다만 그것은 진술의 형식에서만 보편성이 있지. 가령 '자비를 베풀라'라고 하든지 '이웃을 사랑하라'라는 말처럼 그렇게 행동하는 일이 선이 되는 형식적 기준이네. 하지만 여기에는 어떤 행위가 자비인지 사랑인지 규정하고 있지 않아서 상세한 행위는 더 따져봐야 하네.

김반석   자네 말은 더욱 모호해. 자선과 살인은 그 자체로 절대적 선과 악을 포함하고 있지 않은가?

지연씨   진술의 형식 면에서 보면, 누구나 그것들을 각각 선행과 악행으로 인정하기에 보편성이 있지. 하지만 보편성이 있는 선행과 악행이 있다고 해서 선과 악이 실제로 있다고 믿는 일은 다르네. 사실 절대적 선도 인류의 보편적 욕망에 이바지하는 행위를 추상화한 생각에 지나지 않네. 악은 그 반대가 되고. 자네가 말한 하느님의 뜻도 제대로 신앙을 가지고 본다면, 이처럼 인류 전체에 이바지하는 내용이어야 하지. 그래서 하느님이 창조한 만물이 선하다고 여기는 일도 선이라는 이데아가 있어서가 아니라, 사실은 그 창조물이 인류의 보편 욕망에 이바지하기 때문에 '좋다'고 판단한 일에 지나지 않는다고 봐야 해. 그렇지 않다면 그런 신을 모두가 숭배해야 할 이유가 없네. 이런 논리를 더 밀고 나가면, 자네가 믿는 기독교 구약성서 속의 유대 민족만을 돕는 하느님과 신약성서 속의 온 세상 인간을 위한 하느님이 같은 하느님이라 말할 수도 없어. (약 올리듯) 그렇지 않다면 생각이 변덕스러운 하느님이든지.

김반석   (비꼬는 말투로) 자네 논리대로라면 '태극기 집회'도 인류의 보편 욕망에 이바지해야 한다는 말로 들리는군.

지연씨   물론이네. 그에 앞서 우리 한민족의 상생과 복지에 우선 이바지해야겠지. 비판받는 현 정부나 비판하는 집단이나 당사자들 가운데 누가 정말 그렇게 하는지는 하느님의 심판에 앞서서 깨어 있는 시민과 역사가 먼저 심판할 거야. 참으로 처신하기 두려운 일일세. 명심하게.

역사는 정말로 진보할까?

지연씨는 일주일에 한 번씩 어떤 철학회에서 주관하는 공부 모임에 사회자로 참석한다. 여러 지역에서 사람들이 모이다 보니 교통이 편리한 곳에 모여서 공부하고 토론한다. 어느 날 평소 하던 강독을 중단하고 '역사는 진보하는가?'라는 주제로 토론하였다.

지연씨   제가 강독 위원장으로서 강독의 사회를 맡은 지가 10년이 다 돼갑니다만, 그동안 『주역』을 읽어오면서 주석한 학자들이 하나같이 『주역』의 경(經: 주역의 괘·효와 그것을 풀이한 괘사와 효사)과 전(傳: 공자가 해설을 붙였다는 말로 일명 십익)의 내용을 변치 않는 기준으로 삼아 해석하고 있다는 점은 익히 아시리라 믿습니다. 역사가 정체 상태에 머물러 있거나 퇴보했다면 그런 태도를 지지할 수 있지만, 만약 진보한다면 비판의 여지도 있을 것 같습니다. 그래서 예고해 드린 대로

'역사는 진보하는가?'라는 제목으로 간단한 토론을 진행하고자 합니다. 시간 관계상 역사가 무엇인지 그에 관한 토론은 생략하고, 다만 역사가 객관적인 사실의 기록이라거나 역사가의 주관적 해석이라는 양극단을 떠나, 역사가와 사실들의 지속된 상호작용의 과정 또는 결과로 보는 관점에 동의하면서 토론을 진행하겠습니다.

이박사 동아시아 과거 역사 기록은 대체로 요순시대를 이상으로 여겼습니다. 성인으로 추앙받는 공자도 요순시대를 표준으로 여겼습니다. 그 이후의 역사 기록을 보면 이보다 더 바람직하게 역사가 전개된 것 같지는 않습니다. 특히 오늘날도 먹고 입는 일과 생활 등의 겉모습은 크게 발전된 듯이 보여도, 삶의 행복도와 도덕에서는 발전이라고 말하기 어렵습니다.

조박사 유가 경전인 『예기』를 보면 이른바 '대동 사회'라는 유토피아를 말하고 있습니다. 그러니까 참 좋은 세상이 옛날에 있었다는 것이지요. 조선 후기 홍대용의 『의산문답』에서도 '기화(氣化)의 세상'(생물이 짝짓기를 통하지 않고 직접 생성되던 때)도 이와 다르지 않고, 노자의 사상 속에서도 이런 점을 엿볼 수 있습니다. 신화로 표현된 기독교 창세기 '에덴동산' 이야기도 그것을 말하고 있지 않습니까? 겉보기에는 현재 우리가 더 좋은 세상에 사는 것으로 보이지만, 상고 시대가 더 좋았던 것 같습니다.

서박사 두 분께서 말씀하신 요순시대나 대동 사회나 노자 사상은 마르크스가 말한 원시 공산사회와 흡사합니다. 지금도 아마존 열대 우림 속이나 파푸아뉴기니의 일부 부족들은 그런 생활을 하고 있는데, 설마 그런 삶이 더 좋다는 말씀은 아니겠지요?

조박사 현대인이 상고인보다 편안하고 먹을 게 풍족한 사회에 사는 점을 부정하지는 않겠습니다. 그러나 그때는 인정이 순박하여 남을 속이는 일도 도둑도 없었습니다. 도덕에서 보면 후세가 더 간교하고 타락하였다고 말할 수 있지요. 역사가 진보했다는 말도 그런 점에서 보면 거짓이고 퇴보에 불과합니다. 사실 진보 사관이란 기독교의 '최후의 심판'과 '천년 왕국' 건설의 다른 버전에 지나지 않습니다. 그 대표되는 사례가 헤겔식 절대정신의 자기실현 방향으로 역사가 진보한다거나 마르크스주의의 역사 발전 단계 이론에 따라 끝에 가서 공산주의가 온다고 했는데, 그 공산주의가 바로 기독교 천년왕국의 변종입니다. 그러니까 진보 사관의 끝에는 역사가 종말로 치닫고 있다는 전제가 깔려있지요? 과연 이 같은 종말이 있을까요?

서박사 상고 시대는 원시 공산사회와 같았으므로 사유 재산이 없어서 도둑이 있었겠습니까? 저는 후대의 현실이 복잡하고 부조리가 심해서 그런 사회를 이상화한 일에 지나지 않는다고 봅니다. 달리 말하면 요순시대의 사례나 대동 사회 등은 실제로 있었기보다 새로운 세상을 건립하기 위한 근거로서 이상적 모델을 전제한 것이 아닐까요? 그런 각도에서 보면 역사를 진보시키고자 하는 노력일 수 있고요.

신박사 듣고 보니 역사에는 진보하는 영역도 있지만 퇴보하는 영역도 있습니다. 또 계급의 입장에 따라 진보나 퇴보를 주장하기도 합니다. 그런 점에서 역사가 진행하면서 다 좋기만 한 것은 아닙니다. 부분만 보면 진보나 퇴보를 말할 수 있지만, 인류의 삶 전체를 볼 때 섣불리 역사가 진보한다거나 퇴보한다고 말하기는 어려울 듯합니다.

지연씨 뭉뚱그려 싸잡아 역사가 어떻다고 말하기에는 위험성이 있다는 말씀이지요? 역사가 진보하느냐 그렇지 않으냐는 결국 역사를 바라보는 사관(史觀)의 문제로 보입니다. 이 박사님과 조 박사님은 도덕의 측면에서 역사가 퇴보했다는 뜻으로 보이고, 서 박사님은 물질 면에서 역사가 진보했다는 관점으로 보입니다만, 일단 두 관점을 도덕 사관과 유물사관이라 말하면 어떨지 모르겠습니다.

서박사 (머리를 갸우뚱거리며) 글쎄요. 저는 생산력과 생산양식의 모순 등의 경제 요인에서만 역사가 발전한다는 유물사관을 전적으로 신뢰하지는 않지만, 과거보다 현재로 올수록 생산력이 증대한 것은 사실이고, 그에 비례하여 인민의 평균적 삶도 대체로 예전보다 나아졌다는 점을 말한 것뿐입니다.

김박사 저는 이전 유학자들의 역사관에서 옛날을 숭상하는 태도를 도덕 사관이라고 부르기보다 일종의 종교 사관으로 보고 싶습니다. 기독교인들이 성서의 가르침대로 역사가 진행될 것이라고 보듯이 성인의 가르침을 그렇게 보기 때문이지요. 물론 기독교와 유학의 그것에는 분명한 차이가 있지만요.

최박사   글쎄요. 유학자들이 말한 것을 싸잡아 도덕 사관이나 종교 사관 또는 퇴보 사관이라 보고 싶지 않습니다. 단지 당시 사회의 문화가 가진 권위를 무너뜨릴 수 없어서 성인의 이름을 빌리거나 빗대서 역사의 표준이나 목표로 삼았지만, 속마음은 자신들이 주장하는 바를 이루려는 것이기 때문입니다. 가령 중국의 청말 학자들도 그런 점이 보이지만, 조선 후기 최한기가 공자나 주공(周公)을 말해도 그들의 시대로 되돌아가자는 주장이 아니라, 그들이 다시 나타나도 본인 생각대로 할 것이라는, 곧 진보라는 자기 생각을 보강 또는 합리화하기 위한 장치라고 봅니다. 탁고개제(託古改制)라 하지요. 그러니까 성인을 거론했다고 모두 복고 사관이라 규정하면 곤란합니다.

정박사   꼭 그런 경우만 있었던 것은 아닙니다. 유학자들의 말속에는 가령 세상은 좋은 세상과 혼란한 세상이

반복된다는 일치일란(一治一亂)이라든가, 치세(治世)-평세(平世)-난세(亂世) 또는 태평세(太平世)-승평세(昇平世)-난세(亂世), 또는 대동(大同)-소강(小康)-난세(亂世)로 반복되는 관점 등이 있지 않습니까? 이로 보면 역사는 진보한다기보다 순환하는 것이 옳다고 봅니다. 역사가 토인비도 사회의 진보 대신에, 탄생-성장-쇠퇴-붕괴라는 단계를 거치는 역사의 순환설을 주장하고 있습니다만.

최박사   제 생각은 약간 다릅니다. 한 문화권만 한정해 보면 그럴 수 있지만, 이걸 다른 각도에서 볼 수도 있습니다. 청말 학자들 가운데는 이걸 이용해 역사가 되레 난세(亂世)-소강(小康)-대동(大同)으로 진화한다고 주장했습니다. 이들이 역사가 진화한다는 주장은 서양에서 전파된 사회진화론의 영향이지만, 역사관에도 영향을 미쳤습니다. 역사가 진보한다는 생각이지요.

신박사   이왕 사회진화론이 나왔으니 하는 말이지만, 조선 말 신채호나 박은식 선생도 그런 사상이 난무하던 때에 민족 사관을 전개했는데, 전자는 역사의 진행을 '아(我)와 비아(非我)의 투쟁'으로 보았습니다. 사실 토인비도 문명의 추진력이 고차원 문명의 저차원 문명에 대한 도전과 응전의 상호작용에 있다고 주장했다고 본다면, 신채호 선생의 관점은 그것에 대응하는 탁견입니다. 그리고 박은식 선생은 혼백(魂魄)의 역사관을 말했지요. 나라의 정신인 국혼(國魂)을 잘 간직하면 독립의 날에 나라의 몸인 국백(國魄)과 결합하여 나라가 부활할 수 있다고 믿었지요. 전통의 혼백 관념을 역사관에 적용한 거지요.

지연씨   여러분들의 의견을 종합해 보니, 사관에 따라 역사를 바라보는 데서 차이가 나는데, 물론 그래야겠지만, 일부 영역에서는 퇴보했다는 의견도 있으나, 대체로 순환 사관과 진보 사관이 대립하고 있는 듯이 보입니다. 하지만 이것들을 규정하는 요소를 좀 더 세밀하게 보아야 하지 않을까 싶습니다. 왜냐하면 경제적 평등과 자유의 확대 문제, 정치적 지배 구조와 참여, 그리고 의사 결정의 형태, 자연관과 그 인식의 문제, 선악을 규정하는 기준 등이 이전보다 더 나아졌다면 진보하는 것이고, 되풀이하는 일이라면 순환한다고 말할 수 있겠지요.

서박사   자연에 대한 인식, 정치적 자유의 확대와 의사 결정의 형태 등에서 이전 역사보다 더 나아진 모습을 볼 수 있습니다. 하지만 경제적 평등은 비록 고대나 중세 사회의 그것보다 많이 확장되었지만, 우리나라만이 아니라 지구상의 경제적 불평등은 더 심화한 느낌이 듭니다. 또 사회 안에서 도덕을 실천하는 태도나 삶의 지혜에 대해 뚜렷한 대안이 없는 현실에서 전통의 기준에서 보면 퇴보라는 느낌을 주기도 할 겁니다. 게다가 우리나라 민주화 이후 지배 집단의 정치 행태의 퇴행을 보면, 민주화도 후퇴할 수 있다는 생각마저 듭니다.

지연씨   그러니까 역사가 진보하는 것 같으면서도 다시 퇴보하는 것 같다는 생각이지요? 문제는 단순 순환이냐, 아니면 진보 순환이냐의 문제로 귀결되겠군요.

서박사   그렇습니다. 사학자들 가운데는 이것을 역사가 나선형으로 진행한다고 일컫기도 하는데, 진보와 퇴행을 되풀이하지만, 결국에는 앞으로 나아간다는 주장이 그것입니다. 역사가 진보하더라도 직선처럼 되지는 않는다는 뜻입니다.

지연씨   잘 들었습니다. 역사가 진보하느냐 퇴보하느냐의 문제는 결국 사관에 따른 판단으로 보입니다. 물론 역사 진행에 필연성 있는 법칙의 유무에 따라 그 사관의 보편성이 확인되겠지요. 다만 진보 사관을 믿는다면, 거기에는 아마 과학·기술의 발전과 생산력 증대 그리고 사회 변혁의 경험에 따라 역사 진행을 낙관해서 보려는 희망 사항이 반영되어 있지 않나 싶습니다. 퇴보 사관과 순환 사관 또한 기록이나 역사의 경험을 비교해서 주장하는데, 이 사관의 기저에는 현재에 진보라고 여긴 일들이 다 좋은 것만이 아니라는 점을 분명히 반영하고 있습니다. 제 생각은 역사 진행에 필연의 법칙이 있다기보다 인류의 상생을 위한 다수의 의지가 지속해서 개입해야 진보할 듯싶습니다만, 뜻하지 않았던 치명적인 천재지변이나 문명과 질서를 파괴할 정도의 대사건, 그리고 선거에서 무지하거나 몰역사적 의식 구조를 지닌 다수의 잘못된 판단으로 말미암아 역사가 크게 퇴행할 수 있다는 우려를 지어버릴 수가 없네요.

곧 자연적 요인과 인류의 욕망이 변수이지요. 제가 재난과 전쟁 영화를 너무 많이 봐서 그런지, 그런 일이 있어서도 안 되지만, 어느 역사관도 필연이라고 확신하고 싶지 않습니다. 아무튼 오늘의 토론은 매우 유익했습니다. 우리가 여태 『주역』을 공부하면서 그것이 우리의 바른 판단을 내릴 수 있는 지혜를 제공하지도 하지만, 한편으로 고전이 제시하는 내용만이 모든 일의 기준이 될 수 있다는 성인 중심의 생각에 빠져 있지 않은지 점검하는 차원에서 이 토론을 준비해 봤습니다. 역사관의 논의를 통해 각자의 학문 태도를 재점검하는 계기가 되었으리라 봅니다. 끝까지 참여해 주셔서 감사드립니다.

산다는 게
그런 거지

쾌락과 허무

지식인의 기회주의

남녀의 사랑과 결혼 생활

죽음의 두려움을 극복하는 법

내세는 이미 도래한 사건

쾌락과 허무

지연씨는 책을 쓴 뒤 독자들의 요청에 따라 강의한 적이 많다. 이번에도 어떤 독서 모임에서 작가와의 대화를 요청했다. 그런데 인문학 강의는 언제나 조심스럽다. 자기도 실천해 보지 못한 일을 말할 수 있기 때문이다. 그래서 본인의 삶과 강의 내용이 일치되도록 늘 노력한다.

사회자　　저희 모임에서는 얼마 전에 박사님의 『서양 문명의 도전과 기의 철학』이란 책을 읽고, 독후감을 발표하고 토론도 해보았는데, 여전히 풀리지 않은 문제가 있었습니다. 그래서 오늘은 저자를 직접 강사로 모셨습니다. 먼저 간단한 소감을 부탁드립니다.

지연씨　　(허리를 숙이며) 강사로 초청해 주셔서 감사합니다. 사람의 생각을 글로 표현할 때, 표현력과 언어의 한계로 왜곡이나 오해가 한 번 일어나고, 그것을 읽는

독자의 이해 방식에 따라 두 번 일어납니다. 물론 제대로 이해하기도 합니다만, 어쨌든 그런 점에서 오늘 불러주신 일은 매우 뜻있다고 생각합니다.

사회자   제가 먼저 박사님의 책에 깔린 배경이랄까 아니면 전체의 흐름을 말한다면, 19세기 기(氣)의 철학이 동아시아 전근대 사회의 형이상학적 존재론과 가치론, 그리고 서양 전통의 형이상학과 기독교 신학의 그것을 비판·극복하고 새로운 철학 체계를 건립했다고 보셨는데, 제대로 이해했는지 모르겠습니다.

지연씨   잘 보셨습니다. 하지만 그 기의 철학이 근거한 세계관이랄까 태도도 있었을 것인데요.

청중1   (또렷한 목소리로) 예. 기의 철학이 현대 과학의 태도와 크게 다르지 않다고 보았습니다.

지연씨   그 말씀은 대체로 최한기(崔漢綺)의 철학에 해당합니다. 그의 철학에는 서양 과학의 영향도 분명히 있으니까요. 다만 그 책에서 언급한 종교 관련 기의 사상에 그런 점이 있다고 보기에는 매우 조심스럽습니다. 물론 신이 있다면 기(氣)로 이루어져야 한다는 점은 분명히 하였지만요.

사회자 사실 이 책은 종교사상 위주로 다뤘다기보다 기의 관점에서만 서술했기에 해당 종교의 가르침이랄까 사상은 제대로 볼 수는 없었습니다. 그래서 일단 종교 부분은 제외하고, 여기서는 기의 철학과 과학에 관련된 부분만 논의하자고 제안합니다.

다같이 좋습니다!

청중2 사실 오늘 질문하고 싶은 내용은 매우 심각합니다. 서양 사상사에서 정통 기독교 신학이나 형이상학을 폐지하고, 유물론이랄까 과학의 세계관으로 세상을 설명할 때 합리적인 부분도 있지만, 거기에 비례해서 잃은 점도 분명히 있다고 봅니다. 가령 인간이 왜 또는 무엇을 위해 살아야 하는지, 그 목적과 의미를 상실한 점입니다. 제가 볼 때 기의 철학도 크게 다르지 않다고 봅니다.

지연씨 (의아한 표정으로) 기의 철학이 그렇다는 근거는 어디서 찾았습니까?

청중2 동아시아 주희의 성리학에도 비록 형이상학의 요소가 강하지만, 거기에는 인간의 본성이랄까 사람이 살아야 하는 가치로서 천리(天理)나 인륜을 절대적인 것으로 보았지만, 기의 철학에서는 그것이 존재상 허구라고 말했기 때문입니다. 게다가 이 세상과 만물이 조물주나 어떤 원리가 없이 기의 우연한 운동이나 계기에 따라 생성되었다는 점도 그 가치와 목적 상실을 부채질합니다.

지연씨 (동감하듯 크게 고개를 끄덕이며) 잘 보셨습니다. 그러니까 사람이 따라야 할 가치의 근거나 목적이 이 세상 어디에도 존재하지 않아서 그렇다는 거지요? 다시 말하면 사람도 동물과 똑같은 조상에서 진화해 왔고, 이 세상도 우주가 폭발·팽창하면서 생겼다는 세계관에서 그런 신과 가치의 근거를 추방해 버린 점을 생각해 보면, 모든 게 허무하고 무의미하다는 생각이 들지요?

청중2 맞습니다. 하느님도 삶의 목적도 가치도 존재하지 않으니, 인간은 동물처럼 자기 몸의 항상성이랄까 생명 유지를 위해 먹고 마시고, 또 그 쾌락을 위해 짝짓기하는 일 외에는 큰 의미가 없어 보입니다.

지연씨　　인간을 포함한 동물이 취하는 행동의 밑바탕에는 '쾌'와 '불쾌'라는 원초적 느낌이 작용하고 있기에 극단으로 가면, 그 쾌락을 추구하려는 쾌락주의가 인간의 한 단면이고, 다른 측면으로는 나의 옳은 행동을 보상해 줄 신이나 정해진 인간 삶의 목적이 없어서 허무주의에 빠질 수 있다는 생각이지요?

청중2　　(자신있게) 네. 그렇습니다.

청중3　　(비아냥거리듯) 그러니까 사람이 죽어서 간다는 내세도 없고, 세상의 온갖 악행을 저지른 인간들을 혼내 줄 신도 없고, 법에 걸리지만 않는다면 무슨 짓을 해도 상관없으니, 이 세상에 힘센 놈들이 장땡이라 생각할 수 있습니다. 어찌 보면 과학의 세계도 그렇지만 박사님의 철학도 매우 위험해 보입니다.

지연씨　　여러분들의 이런 생각은 과학적 인과법칙에 따른 결정론이나 유물론의 극단적 단점을 예측한 쾌락주의와 허무주의의 제기로 보입니다. 전자의 극단 형태는 지나친 탐욕의 몰입, 후자는 자살로 연결됩니다만, 위험하다는 판단은 제 철학의 끝이 그 방향으로 귀결될 것이라는 일종의 선입견입니다.

사회자   박사님의 철학과 현대 과학의 세계관에는 그런 가
         치나 삶의 목적을 찾을 수 없었다는 게 분명해 보이
         는데, 그런 주장에는 해명이 필요할 것 같습니다.

지연씨   (미안한 표정으로) 제 불찰입니다. 그 책에서 지면 관계
         상 또는 이런 문제의식이 없었기에 자세히 다루지
         못했는데, 날카로운 지적입니다. 하지만 가령 최한
         기의 '추측'(推測) 이론에 그 같은 극단적 과학주의의
         난점을 해결하는 방법이 있습니다.

사회자   (무릎을 치며) 아, 이런 점을 더 알아보는 일이 저자와
         직접 대화하는 장점이 되겠군요.

지연씨   예. 아까 말한 생물의 '쾌'와 '불쾌'라는 원초적 느
         낌이 개체의 항상성 유지를 넘어선 탐욕으로 전개
         될 가능성도 있지만, 또 한편 그것은 문화 그리고
         특정 가치를 발생시키는 원동력이라는 연구도 있습
         니다. 이 '쾌'와 '불쾌'를 다른 말로 '좋음'과 '싫음'
         으로 바꿀 수 있는데, 그 호오(好惡)가 선악 판단의
         심리 기초라고 봅니다. 어차피 선악의 기준인 형이
         상학적 근거나 신이 없기 때문입니다. 그러니까 문
         화와 그 가치는 집단의 호오와 관계가 되지요.

청중2　(얼굴빛이 밝아지며) 그러니까 인간의 경우 그런 생물의 느낌이 반드시 쾌락 추구만이 아니라, 선악 판단 심리의 근거로도 작용한다는 것인가요?

지연씨　그렇습니다. 어떤 상황이나 대상이 내게 좋은지 나쁜지 알려면, 그것을 대하거나 그에 대한 이전 경험과 비교해 예측해야 하지요. 최한기는 그 예측하는 심리 활동도 '추측'이라 불렀습니다. 저는 사람마다 쌓은 그런 예측의 결과가 누적해서 보편성을 띨 때 가치나 문화를 발생시킨다고 봅니다. 그래서 최한기는 전통의 가치를 모두 추측의 산물로 보았습니다. 곧 인류 역사에 등장한 가치 또는 규범은 그것이 자연 상태에 존재하는 실체가 아니라, 인간의 정신이 구축한 보편성 있는 가치라는 겁니다. 그런 가치가 신의 뜻이든 자연 상태로든 존재하지 않으니, 무엇보다 각자가 자기의 삶에서 가치를 선택하든 구축하든 주체적 태도를 지녀야 한다는 뜻이지요.

청중3　가치를 인간이 구축했다는 말은 이해합니다만, 그렇다면 문화마다 달라서 상대적이지 않을까요?

지연씨　그렇습니다. 그 또한 우리의 현실입니다. 엄밀히 말하면 각자가 살아가는 인생의 목표와 삶의 가치는 각자 구축할 수밖에 없고요. 다만 그것에 보편성이 있다면 일정한 문화를 생성하겠지요.

청중4   (눈빛이 밝아지며) 아! 아무리 과학이 발달해도 삶이 쾌락주의나 허무주의에 빠지지 않으려면, 각자가 삶의 목적과 추구하는 가치를 구축하거나 기존의 것에서 선택해야겠군요. 다시 말해 삶의 의미와 맥락을 자기가 규정하고, 그러기 위해서는 자기를 긍정해야 하겠네요.

지연씨   (기쁜 표정으로) 맞습니다. 바로 그 점이 언제나 철학이 필요한 까닭이지요. 다만 대부분의 보통 사람은 성인의 가르침 또는 종교의 교리, 그것도 아니면 자기 스승이나 조상이나 부모님의 가르침을 따르겠지요. 가장 고약한 경우는 특수집단이 기득권 유지를 위한 정치상의 목적에서 조작한 이념을 비판 없이 맹목적으로 추종하는 일이고요.

사회자   그러니까 기존 종교의 가르침과 도덕의 근거가 더는 먹히지 않는 사람들에게는 그런 쾌락주의와 허무주의가 엄습할 수 있기에 철학적·주체적 태도가 필요하다는 거군요. 철학자도 종교인도 도덕군자도 아닌 보통 사람이 그 지독한 쾌락주의와 허무주의를 극복할 방안은 없는지요?

지연씨 아까도 말했듯이 쾌락은 삶의 원동력입니다만, 지나친 탐닉 뒤에는 반드시 허무가 엄습해 삶을 황폐하게 만듦을 깨달아야 합니다. 또 허무주의를 극복하려면 자기 삶의 맥락에서 그 의미를 스스로 발견해야 하고, 동시에 가족이나 마을 같은 사회 공동체를 회복하여, 그 구성원으로서 서로 사랑하면서 사랑을 받는다고 느껴야만 해결될 듯합니다.

사회자 오늘 저자와 대화에서 정말로 큰 소득을 얻었습니다. 해당하는 책의 내용도 중요하지만, 거기서 더 다루거나 표현하지 못한 점까지 논의할 수 있어서 더욱 뜻깊었습니다.

지식인의 기회주의

지연씨는 민주화 투쟁을 한창 벌이던 1980년대에는 20대의 젊은 나이로 공립학교 교사로 근무했다. 그 투쟁의 열기는 1990년대에 들어서도 남아 있었는데, 학교 안에도 민주화 바람이 불어 젊은 교사들과 학교 관리자 사이에 갈등이 잦았다. 어느날 지연씨는 그 당시 같은 학교에서 평교사로 함께 근무했던 후배를 우연히 만났다. 그는 현재 모 학교의 교감으로 재직하고 있다.

박교감   (반갑게) 선배님, 오랜만입니다. 잘 계시지요?

지연씨   학교에서 명퇴하고 지금은 철학 관련 글도 쓰고 연구하며 지내고 있다네. 자네는 승진해서 관리자가 될 나이인데…….

박교감   예. ○○학교에 교감으로 있습니다.

지연씨   허허! 그런가? 그래도 재주가 용하구먼. 자네처럼 젊었을 때 학교 민주화를 위해 투쟁한 사람들은 대체로 승진하기 쉽지 않은데…….

박교감   노력해도 쉽지 않았습니다. (씁쓸한 표정을 지으며) 만년 교감으로 퇴직할 것 같아요. 선배님도 승진할 기회가 많았잖아요? 더구나 박사학위까지 갖고 있었고.

지연씨   나는 당최 관리자가 체질에 맞지 않았네. 사실 그보다 연구하고 글 쓰느라 관리자의 길을 포기할 수밖에 없었네.

박교감   그렇습니까? 하긴 예전에 학교장과 싸울 때도 선배님은 공부 때문에 전면에 나서지 않았지요.

지연씨   그랬었지. 그때도 자네들이 내게 비겁하다는 식으로 말하곤 했고. 지금 생각해 보니 그런 투쟁이 필요하긴 했어도, 그 방법만은 내게 낯설었네.

박교감   (약간 상기된 어조로) 그때도 투쟁 방법에 찬성할 수 없다고 말했지요. 선배님은 민주화도 사회의 정의도 필요하다고 항상 떠들지만, 정작 중요한 순간에는 발 벗고 앞장서지 않았지요.

지연씨　굳이 부인하지 않겠네. 하지만 꼭 그런 것만은 아니
　　　　었어. 패기 넘친 청년 시절 학교장의 부당한 처사라
　　　　고 느낀 사안마다 따지듯 항의하면서 내 목소리를
　　　　낸 적이 한두 번이 아니었네. 그랬던 내가 대학생들
　　　　이 길거리에 나가 최루탄을 맞아가며 목숨까지 잃
　　　　어가면서 싸울 때, 나는 공무원이자 교사 또 대학원
　　　　생 신분과 두 아이의 아버지로서 무게감에 선뜻 그
　　　　런 일에 나서지 못했지. 학생들을 열심히 가르친 일
　　　　외에는 운동권 인사처럼 민주화 투쟁에 직접 참여
　　　　하지 못했으니, 평생 그 부채감을 늘 안고 살았네.

박교감　저는 그런 모습도 기회주의 행태라 봅니다. 아마도
　　　　잃을 게 많아서 그랬겠죠.

지연씨　잃을 거라곤 가족의 생존이었지. 그래서 해직이 무
　　　　서워 노동조합에 가입하지 않았지만, 사안을 보면
　　　　서 지지하기도 하고 때로는 후원도 마다하지 않았
　　　　네. 그 단체를 애정과 비판의 시각에서 바라볼지언
　　　　정 적어도 악마화하지는 않았다고 자부하네.

박교감　알고 있습니다. 하지만 전국 단위 투쟁과 달리 교내
　　　　투쟁에서 생기는 불이익 따위야 기껏해야 고과 점

수와 학내 인사상 불이익밖에 더 있었습니까?

지연씨 나도 관리자가 부당하다고 느낄 때마다 질문하고 해명과 시정을 많이 요구했네. 다만 자네들의 투쟁 방법은 내 생각과 달랐지. 관리자에 대한 인간적 예의와 품격, 절차의 정당성만이라도 지키자는 게 내 생각이었고. 자네도 지금 교감이니까 젊은 교사들이 사안마다 투쟁하듯이 덤비면 마음이 편한가?

박교감 물론 그렇지 못합니다. 그래서 저도 그 점을 인정합니다만, 당시 관리자들에게 그것이 먹혔나요? 그냥 권위로 윽박지르기만 하지 않았나요?

지연씨 그렇더라도 똑같은 방식으로 대항할 수는 없었네. 일부 사례이지만 막무가내로 관리자의 사소한 혐의를 학교 바깥까지 까발리고 들추어내, 망신을 주거나 단체 행동으로 학교 행정이 원활하지 못하도록 하는 일은 아니라고 봤어. 학교는 일반 사업장과 달리 교육 기관이지 않은가? 학생들도 학부모들도 주시하고 있어서, 도리어 호의적인 사람들마저도 적으로 만들기 때문이지. 무엇보다 공립학교 관리자는 행정의 말단 기관을 책임진 사람이 아닌가? 모든

지침이나 원칙은 정권 차원에서 교육부나 교육청을 통해 지시한 것인데, 그 말단 대리인과 싸우는 일이 그가 그것들을 어기도록 강요하는 일밖에 되지 않기 때문이네. 물론 유능한 관리자는 그것들을 융통성 있게 적용하여 조직의 화합을 꾀했지만, 그럴 능력이 없는 관리자를 무작정 밀어붙인다고 될 일은 아니라고 봤어. 요즘은 단체협약에 있어서 그런 일이 거의 없으니 잘된 일이지. 조합을 합법화한 결실이기도 하고.

박교감   사실 학내 문제는 관리자의 리더십에 따라 융통성 있게 화합을 이룰 수 있음을 인정합니다. 선배님도 이웃 학교에서 부장을 맡았을 때 그렇게 하도록 도왔잖아요. 단지 제가 말하려는 요지는 리더가 비도덕적이고 정의롭지 못하다고 판단될 때 지식인이라면 언제든 서슴지 않고 투쟁해야 한다는 겁니다.

지연씨   그럴 용기가 부럽네. 사실 리더가 비도덕적이고 정의롭지 못하다는 점은 투쟁자의 주관적 판단이 아니라, 지금도 그렇듯이 규정과 객관적 증거와 사회의 합의가 있어야 가능한 문제가 아닌가?

박교감   (짜증스러운 말투로) 이런저런 조건을 다 따지니 그래서 지식인들이 기회주의자라는 겁니다.

지연씨   기회주의와 소극적 투쟁을 혼동하지 말게. 그러니 용기 없는 사람이거나 잃을 게 있어서, 또는 뭔가 구린 데가 있어 상대 진영에서 그것을 까발리면 망신스러워 선뜻 나서지 못하는 사람이 소극적이겠지. 이는 예수가 '죄 없는 자가 이 여자를 돌로 치라'고 말했을 때, 나서는 사람이 없었던 일과 같은 이치네. 사람이라면 양심상 평생 하늘을 우러러 한 점 부끄러움 없이 살지 않았다는 사실을 알기에 나서지 못할 경우가 그것일세. 권력을 남용하는 자들이 그 점을 악용하니, 자신의 사소한 흠까지 알려질까 봐 나서고 싶어도 또 침묵하고 있을지도 모르네.

박교감   그래도 지식인이라면 사회 정의를 위해 과감히 앞장서야 한다는 생각에는 변함이 없습니다.

지연씨   잘 들어보게. 조선 시대 선비는 그가 어떤 지위에 있든 그의 생각을 왕에게 상소로서 말할 수 있는 일종의 대우가 주어졌고, 관리들 가운데도 임금의 잘못에 대해 당연히 간해야 하는 책무가 있었지. 그들 가운데에는 보편성 있는 가치를 위해 목숨까지도 내놓을 수 있는 순교자 같은 신념도 있었고. 그러니 공적인 지위와 대우가 주어진 지식인은 당연히 그래야 하는 걸세. 하지만 오늘날 많은 지식인은 생계가 위협받아도 사회에서 어떠한 대우도 없고, 더구나 교사들에겐 정치적 의사 표현이 제한된 마당에 그들에게 그런 선비 같은 기백을 기대하기 어려운 일이네. 그것은 마치 묵묵히 각자의 일만 하고 사회의 부조리에 침묵하고 비판하지 않는다고 해서 농부나 어부를 비난할 수 없는 상식과 같은 논리지. 게다가 사람들은 대체로 자신의 이익을 두고 행동하는데, 그런 지식인들에게 이익은 고사하고 혹시나 당하게 될 희생까지 강요하는 일은 무리한 요구일세. (점점 목소리를 높이며) 자네는 지식인들이 교조의 가르침을 위해 순교까지 감수하려는 성직자여야 한다고 생각하는가? 꼭 자기 신념의 희생자가 되기를 바라는가? 생계까지 위협받는 가난한 지식인을 향해 이득도 없는 일에 나서지 않는다고 섣불리 비난하는 일은 공평하지 못한 짓이네. 이들이 사회의 소금과 빛의 역할을 하려면, 그에 맞는 대우를 해주어야 하는 점을 왜 모르는가? 그들 가운데는 책을 저술해 입을 충분히 열었는데도 많이 사서 읽어주지 않는데, 무슨 재주가 있어서 또 입을 열겠는가? 그게 아니라면 말할 기회와 자리라도 만들어 주어야 입을 여는 거네. 또 그가 유튜버라면 '구독'과 '좋아요'를 누르며 후원해야 하는 거고. 그래서 그 책임감에서라도 사회의 목탁 역할을 할 걸세. 예수가 기꺼이 십자가에 못 박혀 죽을 수 있었던 배경 가운데 하나도 따르는 사람들이 환호하며 소리 지른 데 있지 않았을까? 그가 "만일 이 사람들이 침묵하면 돌들이 소리 지르리라(눅19:40)"라고 한 말을 상기해 보게. 반면 영향력 있는 사회적 지위를 누리면서 침묵하는 지식인의 행위는 직무 유기이니, 사회의 배신자로서 비난받아야 마땅하고. 자네가 바라는 지식인의 역할이 바로 여기에 해당하지.

박교감   (기죽지 않은 분명한 어조로) 아니 지식인들에게 희생을 강요하는 것이 아니라, 그들이 입만 열면 정의와 개혁이니 뭐니 하면서 떠드니, 말로만 그러지 말고 몸으로 앞장서라는 겁니다.

지연씨   그건 시골의 경로당 노인부터 방송에 등장하는 정
        치평론가까지 누구나 떠드는 모습 아닌가? 다만 후
        자에게는 그 생각을 확대 재생산할 수 있는 사회의
        대우가 주어졌으므로, 자네의 논리에 일부 타당성
        은 있네. 널리 말할 기회를 가진 사람이 자기의 말
        에 책임을 지는 일은 당연하고.

박교감   일부 지식인들이 희생은 싫어해도 정권이나 지배층
        의 입맛에 맞는 말이나 역할을 하는 경우는 많았잖
        아요? 가령 어떤 잘못된 정책을 지지하면서 이론상
        옳은 일이라고 뒷받침했다가 그 정책이 결국 실패
        로 끝나면, 반성조차 하지 않는 학자들이 있지 않았
        습니까? 그런 자가 기회주의자라는 겁니다.

지연씨   나는 그런 인간들을 지식인 학자라기보다 곡학아세
        로 자신과 세상을 속이는 협잡꾼이나 모리배로 보
        네. 자신의 영달과 이익을 위해 학문하는 문제의식
        이든 양심이든 모두 마비된 인간 말종이니까.

박교감   아무튼 선배님 같은 지식인은 영영 사회 정의를 위
        해 앞장서지 못하겠네요.

지연씨 　(눈을 부릅뜨고) 무슨 말인가? 지식인이라 자부하지도 않지만 어쨌든 나는 학잘세. 내가 연구하는 분야 밖의 일은 상식밖에 모르니, 운동가처럼 앞장서 무리를 이끄는 일은 내 분수에 어울리지도 않네. 학자는 웅변이 아니라 학문으로 말하지. 그간 내가 쓴 책을 읽어 보았는가? 내 철학이 허용하는 범위 안에서 부조리한 사회를 비판하면서, 사회를 정의롭게 개혁하며 구성원들과 소통하고 상생해야 하는 근거를 제시해 왔네. 다른 학자들도 각자의 분야에서 대체로 그렇게 할 걸세. 다만 주목받지 못할 뿐이지. 사람들의 귀를 당장 즐겁게 하거나 이득과 즐거움을 보장해 주는 내용이 아니니까. 이런 모습을 학문 뒤에 숨는다고 오해하면 안 되네.

박교감 　물론 그러시겠죠. 그럴더라도 만약 누가 선배님에게 마이크를 들이대 크게 말할 기회를 준다면, 그때 소신을 말하겠습니까?

지연씨 　그런 일은 절대로 일어나지도 않을 가정이네. 언제나 그렇듯이 사람들은 듣고 싶은 말을 해주어야 마이크를 대주는 법일세. 나는 고대 그리스어의 정의에 따라 '지혜를 탐구하는' 사람이지 남이 듣고 싶어 하는 말만 해주는 사람이 아닐세. 게다가 내가 실천해 보지 못한 일은 낯 간지러워서 말하지 못하네.

박교감 다른 강사들이나 학자들은 남의 얘기를 잘도 재미있게 전달하지 않습니까?

지연씨 나는 직업상 학생들을 가르치는 일을 이미 그만두어서 남의 얘기를 재미있게 전달하는 일은 이제 내 소임이 아니네. 대신 내가 연구하고 실천해서 깨달은 바를 누가 묻는다면, 그 질문의 무게만큼만 대답할 수는 있지. 그러니 내가 깨닫지도 못한 일을 무작정 행동으로 옮기는 일은 하고 싶다고 되는 게 아닐세. 그럼에도 그렇게 한다면 적어도 내게는 일종의 자기기만이자 만용이 아니면 객기를 부리는 일이지.

박교감 (짜증을 내듯) 남들이 옳다고 여기는 일을 바로 실행에 옮겨야지 이렇게 복잡합니까?

지연씨 그렇지 않네. 남들이 옳다고 하는 일이 상식에 부합한다면 또 모를까, 적어도 내게 설득력이 있으려면,

그것을 머릿속으로 이해한 상태에서 더 나아가 가슴속에서 우러나와야 하지. 그러지 못하고 행동하는 일은 적어도 내겐 부화뇌동하며 추종으로 보이네. 물론 그 결과가 좋게 될 수도 있지만, 보통 나쁘게 이용당한 사례가 더 많아.

박교감   그렇게 까다로우니 남들이 선배님을 이상한 사람 취급하는 겁니다. 아무튼 '가슴속에서 우러나와야 한다'라는 말은 무슨 뜻이죠?

지연씨   사회의 부조리를 두고 많이 공부하여 실상을 제대로 알고, 그 부당함으로 인해 공감·분노·좌절하거나 직접 피해나 고초를 당했거나 더 나아가 싸우면서 깨달아야만, 정의를 향한 실천이 가슴속에서 우러나오지 않겠는가? 그 과정을 온통 겪은 사람만이 진정으로 사회를 이끌 지도자가 되는 것일세. 나는 겨우 이해하고 공감하며 분노하는 수준에 그치지만.

박교감   (실망하듯 바라보며) 그럼 선배님은 영영 용감한 지도자가 되기는 글렀는가요?

지연씨　　평생 교사와 학자로 살아온 내 인생이 어찌 그와 같
　　　　　겠는가? 훌륭한 지도자를 알아보고 지지하고 후원
　　　　　하는 도리밖에 없지. 하지만 세상이 상식 이하로 퇴
　　　　　보하면, 그런 상식을 되돌리기 위해 나의 조그만 능
　　　　　력과 지혜가 보탬이 되도록 늘 공부하고 반성하고
　　　　　수양하고 있네. 지혜와 기회주의를 혼동하지 말게.

남녀의 사랑과 결혼 생활

지연씨는 오랫동안 음악 활동도 해왔다. 아마추어 오케스트라 단원으로서 플루트 파트장을 맡고 있고, 정기 연주회 19회, 여러 초청 연주, 그리고 음악 캠프에도 참가했다. 어느 여름, 음악 캠프에서 연습 후 뒤풀이 자리에서 있었던 일이다.

단원1   저는 플루트 파트장을 맡고 계신 이 박사님께서 철학자라는 사실을 이제야 알았습니다. 미리 알았더라면, 인생에 관한 여러 질문이나 상담을 할 수 있었을 텐데요.

단원2   어머, 정말이에요? 저도 질문할 게 많은데요.

지연씨   지금도 늦지 않았습니다. 얼마든지 환영하지요. (단원1을 보고) 그런데 미안한 질문이지만, 김 선생은 여태 혼자 사는 특별한 까닭이 있나요? 아니면 적당한 신랑감이 없어서요?

단원1   부모님의 성화에 못 이겨 몇 번 사람을 만나봤지만,
딱 '내 사람이다'라는 확신을 주는 상대가 없어서
요. (풀이 죽은 소리로) 어쩌다 맘에 들어도 또 부모님이
반대해서…….

지연씨   내가 좋아도 상대가 그렇지 않을 수 있고, 또 그 반
대일 수 있죠. 다행히 두 사람이 동시에 좋아해도,
상대방의 조건이 부모님의 마음에 안 들어서 성사
되지 못하는 경우도 꽤 있습니다.

단원2   그 조건이라면?

단원1   (힘이 없이) 대부분 재산이나 직업이지 뭐. 나도 그 때
문에 깨어진 적도 있어.

단원3   내 조카는 상대 남자의 직업도 외모도 그만이었는
데, 그 동생이 장애인이라 부모의 반대로 성사되지
않았어요. 하여튼 두 사람 모두에 호감이 있더라도
부모의 마음에 들지 못하면 깨지기도 하죠.

지연씨   그래서 뭘 모를 때 연애하지 않고, 나이 들어서 남
의 소개로 곧바로 혼인으로 이어지는 경우는 참으

로 쉽지 않아요. 예전에는 상대방 얼굴도 못 본 채 부모님이 정해준 대로 혼인했는데, 그렇다고 해서 옛날 사람들이 모두 불행했다고 말할 수는 없죠. 하여튼 혼인도 문화와 관계되는 문제라서 옛날식을 강요할 수도 없는 거고, 부모가 반대하기도 하지만, 점차 당사자의 사랑을 더 중요하게 여기는 일이 대세처럼 보여요. 아무리 부모가 싫어해도, 당사자가 좋으면 그만이잖아요?

단원들　(한목소리로) 네~. 맞아요.

단원4　(퉁명스럽고 거칠게) 참말로 꿈 같은 소리 하고 자빠졌네. 나처럼 나이 들어봐라. 나도 이십 대에 사랑에 푹 빠져서 부모님 반대를 무릅쓰고 혼인했는데, 지금 생각해 보면 내가 그 인간의 뭐가 좋아서 사랑에 빠졌었는지 모르겠더라. 부모님 말씀 안 들은 게 참으로 후회된다.

단원1　왕언니 말씀은 사랑도 변한다는 건가요?

단원4　젊을 때 한 사랑이 변하지 않는 경우가 어디 있니? 젊은 기분에 겉모습만 보고 아무 생각 없이 푹 빠진 거지. 아이 낳고 키우며 갖은 고생 하면서 예전과 다른 남편을 보면, '그런 사랑 개한테나 주라'고 생각한 적 한두 번이 아니야. 니들이 말하는 사랑은 변하는 거야. 정신 차려라. 이것들아!

단원5   왕언니 말씀은 좀 지나치지 않습니까? (귀엽게) 저는 삼십 대인데도 아직도 신혼 같은데요.

단원4   (큰 소리로 나무라듯) 지랄염병하고 자빠졌네! 니가 삼십 대니까 그렇지. 평생 그럴 것 같으냐? 갱년기만 넘어 봐라. 니 남편도 젊고 예쁜 여자에게 눈길을 돌릴 테니까. 그때 내 말 생각날 거다.

단원2   부부의 사랑이 그런 거예요? 저는 죽을 때까지 그 사랑이 죽 이어질 줄 알았는데요. 그럴 거라면 혼자 사는 편이 더 나을 것 같아요.

단원4   (자신만만하게) 신혼 때 가졌던 사랑의 감정이 계속 이어진다면 왜 사람들이 바람을 피우겠냐? 그런 사랑이 식으니까 뜨거운 사랑을 원하기 때문이지. 그래 봤자 그것마저도 반짝했다가 사그라지는 거야. 얘들은 사랑이 무슨 영화 같은 줄 아나 봐.

단원5   (작은 소리로) 그래도 사랑도 안 해보고 혼자 살면, 너무 비참하지 않은가요?

단원2 결혼을 안 한다는 거죠. 사랑을 안 한다는 말은 안 했어요.

단원5 연애만 하고 정식 결혼은 안 한다는 말로 들려. 상대가 싫거나 싫증 나면, 또 안 만나면 되는 거고. 하지만 정말 상대에게 푹 빠져서 헤어나지 못하면, 어차피 결혼하게 될 텐데…….

단원2 그 경우 결혼할 수도 있겠죠. 사람이란 어떻게 될지 모르니까요.

지연씨 이해합니다. 요즘 젊은이들은 결혼 생활에서 생길 수 있는 번거로움, 육아, 부부 갈등, 가족관계 등에서 오는 문제만이 아니라, 또 무엇보다 결혼할 수 있는 경제 여건을 갖추지 못해서 결혼은 안 하거나 못합니다. 예전과 다른 모습이지요.

단원3 (맞장구치며) 맞아요. 요즘 총각들은 아파트와 자동차가 없으면 결혼을 못 한다고 해요. 그게 결혼 조건이죠. 부모가 능력이 있으면 좋지만, 그러지 못한 젊은이들은 포기할 수밖에 없죠.

단원2   그래요. 능력이 모자라 결혼을 못 하기도 하지만,
         또 능력이 있어도 사랑하는 사람을 못 만나면, 차라
         리 혼자 사는 게 편할 수 있습니다.

단원4   (나무라듯) 요즘 젊은것들은 너무 이기적이야. 사랑의
         단물만 빨아먹고, 그 사랑을 위해 헌신하고 봉사할
         줄 몰라. 세상의 일이란 공짜가 없는 법이야. 사랑
         의 기쁨을 위해서는 당사자나 누군가의 희생과 노
         력이 뒷받침되어야 하는 걸 몰라. 그저 자기들이 잘
         나서 사랑이 무슨 특권인 양 까분다니까. 죽을 때까
         지 신혼 때의 사랑이 이어지는 경우는 어차피 없으
         니까, 서로가 인내하고 헌신해야 결혼 생활이 유지
         되는 거야.

단원1   이 박사님, 사랑이 정말 그런 건가요? 어느 책에서
         봤는데, '결혼은 사랑의 무덤'이라는 말이 정말 맞
         는 것 같아요. 그럴 바에야 결혼하지 않고 연애만
         하면 좋을 것 같아요.

단원4   (퉁명스럽게) 연애 좋아하다가 조폭이나 사기꾼 같은
         놈 만나 봐라. 인생 종 친다. 그렇다고 그걸 이마에

써 붙여 놓은 줄 아니? 그런 놈들 가운데 연예인 같이 잘생긴 애들이 얼마나 많은지 몰라.

지연씨 일리가 있는 말씀입니다. 연애도 일종의 모험입니다. 그 연애의 감정이 언제까지나 식지 않으리란 보장도 없고, 언젠가 식게 되면 일상의 본모습으로 되돌아오기 마련인데, 그것을 감당할 능력이 없으면 후회가 뒤따르게 됩니다. 아무튼 여러분들이 지금까지 말한 사랑이란 남녀 사이의 애정을 두고 말했는데, 그 남녀 사이 사랑의 본질이 무엇인지 한 번 따져나 본 적이 있습니까?

단원3 소싯적 학교 다닐 때 들었지만, 요새 그런 것 생각할 여유가 있겠습니까?

지연씨 그렇겠지요. 저는 사랑의 이데아나 신이 규정한 사랑 따위를 믿지 않는 사람으로서, 이성(異性)에 대한 사랑을 말한다면, 본질 면에서 동물의 짝짓기 본능이 문화에 희석된 태도 또는 행위라 봅니다.

단원1 (놀라듯) 아이고~ 끔찍해라. '남자는 모두 늑대'라는 우리 아빠의 말이 이제야 이해가 되네요.

지연씨   꼭 그렇게만 볼 필요는 없습니다. 우선 동물의 수컷
         은 자기의 유전자를 되도록 많이 퍼트리려는 본능
         이 숨어 있습니다. 개체 수가 엄청난 수컷의 정자는
         계속 생산되기 때문에 그 일이 중단될 때까지 젊고
         새로운 짝을 찾게 되는 거지요. 그래야 확률상 유전
         자를 전수할 가능성을 높일 수 있습니다. 쉽게 말해
         여기저기 씨를 많이 뿌려야, 그 가운데 살아남는 놈
         이 있을 수 있다는 논리입니다.

단원4   아, 그래서 남자는 젊고 새로운 여자만 보면 껄떡대
         고, 또 우리 속담에 '열 여자 마다할 남자 없다'라고
         하거나 '남자는 문지방 넘어설 힘이 있으면 거기시
         가 가능하다'라는 말도 그런 동물의 본능과 연결되
         겠네요. 또 자기 부인이 늙으면 섹스 대상으로서 눈
         길 하나 주지 않는 일도 그런 이유 때문이겠고요.

지연씨   수컷으로서 자기 유전자를 무한정 퍼뜨리고자 하는
         본능이 있기 때문이죠. 반면 암컷은 평생 한정된 수
         량의 난자만 생산합니다. 자기의 유전자를 전수할
         가능성이 수컷보다 낮아서 안전하고 확실한 보장
         이 필요합니다. 곧 자기를 보호해 주고 튼튼한 울타

리가 되어줄 수컷 또는 생존율이 높은 후손이 될 힘 있고 건장한 수컷의 유전자를 원하게 됩니다. 그래서 아무 수컷이 들이댄다고 해서 몸을 쉽사리 허락하지 않습니다. 인간 여성들이 상대의 외모나 능력 또는 조건이 맘에 들지 않으면, 혼인하지 않은 경향도 이런 이유 때문입니다. 이런 행동은 이기적으로 보일 수도 있습니다만, 앞에서 말했듯이 안전하고 확실한 유전자 전파와 관련이 있지요.

단원4　　그럼 여자가 내숭을 떠는 짓도 그 남자가 어떤 놈인지 정확히 모르기 때문에 일종의 테스트를 해 보는 거군요. 사랑하는 데 신중할 수밖에 없는 점도 그렇고요.

지연씨　　원리상 그렇습니다만, 남자의 성격이나 지위나 능력 따위가 사회에서 이미 검증되었다면 또 다르겠지요.

단원5　　남녀 사이 사랑의 본질이란 유전자를 퍼트리기 위한 본능에 그 출발을 둔다면, 그 사랑의 동기는 어차피 이기적이라고 할 수밖에 없네요. 게다가 짝짓기 행위에는 쾌락까지 수반하니까요.

지연씨 　다수의 동물이 그렇게 진화해 왔습니다.

단원3 　(실망하듯) 하여튼 사랑의 동기가 유전자 전파를 위한
이기적이라면, 정말로 참사랑 따위는 눈 닦고 볼 수
없겠네요. 죽도록 사랑한다는 말속에는 짐승 같은
검은 야욕이 숨어 있으니까요.

지연씨 　그렇게 극단적으로 볼 필요는 없습니다. 자기 짝을
죽도록 사랑한다는 말은 참말일 수 있습니다. 왕성
한 성호르몬은 몸과 마음을 지배하니까요. 이때 사
랑의 감정은 이성과 분리되지 않습니다. 적어도 유
행가 가사처럼 '사랑한 그 순간만큼은 진실이었어'
라고 말할 수 있습니다.

단원1 　그래도 사랑의 동기 가운데에서 성욕을 배제할 수
없다는 점이 좀 찜찜합니다.

지연씨 　다행히 사람은 본능대로만 행동하지 않습니다. 본
능이 행동의 이면에 숨어 있고, 행동으로 드러나는
모습은 문화나 관습을 따를 수밖에 없습니다. 그래
서 인간의 이런 사랑은 본능이 문화에 희석되었다
고 보는 겁니다.

단원3   좀 더 쉽게 말씀해 주시겠어요?

지연씨   인간 사회를 동물 상태처럼 내버려두면 강자만 유리하겠죠. 동물처럼 힘이 센 놈이 여러 암컷을 거느리고요. 그래서 인류가 공동으로 생존하기 위해 문화가 생겼고 점차 진보하였지요. 그 과정에서 사회의 기초 단위인 가정이 깨어지면 사회의 안정성을 해치므로, 배우자와 자녀에 대한 헌신과 희생, 자녀의 부모에 대한 순종 등 도덕상의 의무와 책임을 미덕으로 여기게 되었고, 사랑이라는 개념에 이런 것들이 첨가되었다고 봅니다. 본능에 대한 이성 또는 문화의 통제라고나 할까요.

단원3   하지만 참된 사랑이란 이런 문화의 관념과 상관없을 것이라는 생각이 듭니다.

지연씨   글쎄요. 그 참된 사랑이 상세히 어떤 건지 모르겠으나 그런 것들이 사랑에 포함되어 있다고 해서 참된 사랑이 안 될 것은 없다고 봅니다만……. 상대를 위한 희생이나 헌신 같은 관념이 첨가되면, 더 지고한 사랑으로 여기지 않나요?

단원3　　(귀엽게) 제가 말하는 참된 사랑이란 다른 관념의 도
　　　　　움을 받지 않고, 남편에겐 나 자체가 목적이 되어
　　　　　나만 바라보고 나만 생각하고 나만 예뻐해 주면서
　　　　　변하지 않는 그런 의미의 사랑을 말하는 거예요.

단원4　　(야단치듯) 이것아! 공주병이 단단히 들었구나. 그건
　　　　　처음 연애할 때 너에게 꽂힌 눈먼 녀석이 하는 짓과
　　　　　하는 말이야. 아직도 그걸 믿느냐?

지연씨　　사랑 자체만 목적이어야 한다는 생각은 앞서 말한
　　　　　사랑의 이데아가 있다고 전제하는 듯합니다만, 저
　　　　　는 그것을 믿지 않습니다. 적절한 비유인지는 모르
　　　　　겠으나 남녀 간 사랑의 동기란 수컷 바우어새가 암
　　　　　컷을 초대하기 위해 집을 화려하게 장식하듯이 동
　　　　　물 수컷이 짝짓기 상대를 초대할 때의 행동과 유사
　　　　　하다고 봅니다. 결혼했든 안 했든 제약만 없다면,
　　　　　건강한 인간 남성도 새로운 짝을 원할 때 개인차는
　　　　　있어도 이럴 가능성이 있습니다. 그래서 확보한 짝,
　　　　　쉽게 말해 '잡은 물고기'를 향해 평생 바우어새처럼
　　　　　행동하는 인간은 경험상 아직 확인하지 못했습니
　　　　　다. 반면 여성에게도 육체나 정신이나 경제 조건 등
　　　　　을 포함한 남성의 지속적인 매력을 발산해야만 사

랑의 감정이 지속될 것입니다. 하지만 양자 모두 성적 매력이 점차 사라져도, 각자가 상대를 배려하는 고결하고 자상한 인품이나 행위 또는 신비롭고 색다른 모습을 보이거나 삶의 고락을 함께했던 경험이 많다면, 상대로부터 계속 사랑의 감정이 유발되는 사례는 있습니다.

단원2　　그렇다면 남녀가 서로 사랑할 때 그 사랑의 감정을 촉발하는 원인의 종류가 사람마다 다를 수 있겠네요?

지연씨　　제 생각에는 그렇습니다. 성적 매력이나 신비한 자태에 매료되거나 어머니와 같은 넓고 포근한 태도나 아버지의 존재와 같은 든든한 믿음 때로는 전사와 같은 강인함이나 천사 같은 순결함에 이끌리거나 감사나 헌신이나 희생이나 책임이나 의무나 배려나 존중이나 인정 등에 대한 보답으로서 느끼는 감정, 실제로는 그런 일들이 혼합되어 있겠지요. 물론 나이와 개인차에 따라 그 농도가 제각각이겠지만.

단원1　　(지연씨를 보며 작은 목소리로) 실례가 안 된다면 이 박사님은 어떤 경우인가요?

지연씨 저도 거쳐 온 나이에 따라 차이가 있는데, 지금은 사랑이라는 말보다 우리식의 정(情)이라는 표현이 더 적절할 듯합니다. 거기에는 평생 함께한 고락에 대한 감사의 정, 연민의 정, 고운 정, 미운 정 등 복잡하게 섞여 있습니다. 슬픈 건지 좋은 건지 몰라도 배우자를 향한 사랑의 감정은 젊을 때의 그것에만 머물러 있지 않으니까요.

죽음의 두려움을 극복하는 법

지연씨는 단짝 친구였던 김반석을 또 만났다. 이번에는 우연한 만남이 아니라 그의 요청에 따랐다. 그는 그 나이에 어울리지 않게 활동이 왕성해 보수 단체의 집회도 꾸준히 참여하고, 교회에도 열심히 출석한다. 어느 날 두 사람은 지연씨 동네의 카페에서 만났다.

지연씨 (반가운 표정으로 악수하며) 그동안 잘 있었는가? 여기까지 웬일인가?

김반석 여러 모임과 교회 일로 바빴지. 그런데 자네가 나보다 먼저 예수를 믿었는데, 지금은 교회에 안 나간다고 하니까 친구로서 참으로 안타까운 생각이 들지 않았겠나? 오늘은 마음먹고 자네 고집을 꺾어 보려고 이 동네에 일부러 방문했네. 사람이 평생 늘 이렇게 살 것 같은가? 죽은 뒤를 생각해야지.

지연씨   (약간 못마땅한 표정으로) 그런가? 목사인 내 형님 같은 말
         씀을 하시네. 자네가 믿는 사후 세계를 나도 믿고
         따르라는 건가?

김반석   (제법 큰 소리로) 이 사람아, 몇천 년 동안 내려온 종교
         가 사기를 쳤겠나? 거짓이라면 이미 없어졌겠지.

지연씨   나도 예전에 그런 생각을 했지. 하지만 사후 세계가
         있다는 건 합리적 인식으로 검증되지 않은 확신, 순
         전히 믿음일 뿐이네.

김반석   정말 그럴까? 아무 증거도 없는데도 사람들이 단순
         한 믿음만 가지고 신앙생활을 할까?

지연씨   (냉담하고 차분한 소리로) 사실 사후 세계에 대한 인간의
         관심은 언제부터 있었는지 확실하지 않지만, 그것
         은 적어도 인간에게 자의식이 생겨야 가능한 일이
         네. 사람의 머릿속에 떠오르는 '나'라고 하는 의식
         은 아무래도 뇌가 기능을 멈추기 전까지는 계속해
         서 표상되므로, 우리의 뇌는 '나'라는 자아가 변치
         않고 영원히 존재할 것이라고 날마다 착각하는 거
         지. 그래서 죽은 뒤에도 그럴 것이라는 믿음이 형성
         되었을지도 모르네. 하지만 인간의 의식이란 몸이

신경계와 같은 특정한 생리 조건을 갖추었을 때 일어나는 '현상'일 뿐이야. 몸의 생각지 못한 조건으로 말미암아 뇌가 활동을 중지하면, 이 모든 게 끝장나는 거고. 뇌가 없는 단세포 생물 따위가 어찌 내세를 생각하겠는가?

김반석   이렇게 말하는 자네가 유물론자 같기도 하면서 과학과 결탁한 자유신학을 말하는 것 같기도 하여 헷갈리네. (단호하게) 자네가 아무리 이렇게 떠들어 봐도 죽음은 인간에게 참으로 두려운 사건이야.

지연씨   (약간 어이없는 표정으로) 죽음이 두렵다고? 자네 견해를 가지고 남도 그럴 것이라고 넘겨짚지 말게나. 사실 두려움이란 원래 그 대상을 모르기 때문에 생기는 심리 현상에 지나지 않네. 가령 고대인들은 귀신 또는 악령, 자연 현상, 전염병, 맹수 등의 원인이나 그것들에 대처하는 방식을 몰랐기 때문에 두려움을 느꼈지. 내가 유·소년기에 가졌던 두려움도 일종의 이런 거고. 현대인들은 이것들의 원인과 대처 방법을 알기 때문에 더는 두려워하지 않지. 다만 코로나바이러스 같은 병원체도 아직 그것을 근원에서 예

방하거나 치료하는 방법을 잘 몰랐기에 잠시 두려
워했던 것뿐이었네.

김반석   (못마땅하여 따지듯) 그건 자연물에 대한 두려움이 아닌
         가? 그것이 자기의 죽음과 같은 선상에서 다룰 수
         있는 문제인가?

지연씨   두려움의 대상이라는 점에서 본질상 다르지 않지.
         죽음 또한 사후 세계를 모르기 때문에 두려워하는
         걸세. 물론 천국이나 극락에 간다고 믿는 독실한 종
         교인들에게는 대체로 두려움이 없다는 점을 나도
         잘 아네. 나는 이런 분들을 위해 죽음의 두려움을
         극복하는 방법을 말하고 싶지는 않아. 다만 현실을
         합리적이고 과학적으로 바라보는 비종교인들이나
         신앙을 합리적인 관점에서 재정립하고자 하는 분
         들, 그리고 자네가 말하는 유물론자들을 위해 죽음
         의 두려움을 어떻게 극복할 수 있는지 규명해 볼 뿐
         이네.

김반석   (의아한 표정으로) 철학으로 죽음의 두려움을 극복한다
         고? 그게 어떻게 가능한가?

지연씨　(침착하고 또렷하게) 인간의 자아는 변하네. 자아가 변한다는 사실은 먼저 자아가 영원한 실체가 아니어서 사후 세계가 문제가 되지 않는다는 점을 말해주지. 자아라는 실체가 없으므로 사람이 죽으면 아무것도 인지하지 못하고. 그러니 개인이 태어나기 전의 시간도 태어난 이후에 계속될 시간과 그 길이가 어쩌면 같을 텐데, 태어나기 이전에 자네가 무엇을 느꼈나? 자아가 없었으니 아무 느낌도 없지 않았던가? 자아가 없으면 시공간 자체도 없는 거야.

김반석　자아의 소멸이란 수면 내시경으로 건강 검진을 할 때처럼 중간에 깨어나지 않을 정도로 마취가 충분했을 경우, 시작과 끝 사이에 벌어진 일에 대해서는 경험되는 내용이 전혀 없는 현상과 같은 건가?

지연씨　그렇게 말할 수 있지. 사후에는 경험의 주체가 없으므로 어떠한 인식도 성립하지 않아. 그걸 두고 과거 선비들은 사후에는 지각(知覺)이 없다고 말했네. 영원히 고요한 침묵 상태에 있을 뿐이고, 시간이 없어 영겁이 찰나이고 찰나가 영겁이야. 의식이 없어 아무것도 인식하지 못하므로 당연히 기쁨과 슬픔 따

위가 있을 수 없고, 속된 말로 '죽으면 모든 게 끝'
이라지만, 생각에 따라서는 영원한 안식이 되네. 그
러니 살아있을 바로 '그때'가 영겁과 찰나를 공유한
때이니, 죽음의 공포 따위 집어치우고, '그때'의 삶
을 사랑하며 용감하게 살아야 하지 않겠나?

김반석   (손을 내저으며) 그런 주장을 범인들이 받아들이기가 쉽
지 않을 텐데.

지연씨   누가 말리겠나? 그래도 죽는 게 억울하다면, '나보
다 백배 천배 잘난 놈들, 부자들도 다 그렇게 돼졌는
데, 난들 무슨 대수인가?'라고 위안을 삼을 수도 있
어. 어찌 보면 고달픈 인생에 비해 그것이 행복이라
면 행복인데, 다만 죽음에 임하면 평소의 습관에 빠
진 우리의 자아가 이 세상의 모든 것과 작별하고 딴
세계로 갈 것이라고 착각해서, 그 아쉬움이 두려움
으로 변질한다고 보네. 자아에 집착하기 때문이지.

김반석   (정색하며) 설사 자네 말이 맞다고 해도, 자아가 소멸
하는 그 사실이야말로 참으로 끔찍하지 않은가?

지연씨   그렇게 느꼈다면 그것은 자네가 아직도 젊은이처럼

힘이 팔팔 넘친다는 증거일세. 다시 말하면 자아가 철옹성처럼 단단하다는 거야. 반면에 노쇠하여 병들고 지친 노인 가운데는 도리어 자아의 지속과 소멸의 경계가 불분명해서 편하게 죽음을 맞이하기도 하지. 때로는 뇌사 상태에서 자아가 먼저 소멸하고 몸이 뒤에 죽는 일도 있고. 어찌 보면 그것은 삶의 과정에서 생긴 자연스러운 모습인데, 그런 상태에서는 의식의 주인인 자아가 사라져 가고 있어서, 두려움의 강도도 점점 희미해질 수밖에 없지. 죽는 세포가 생기는 세포보다 늘어날수록 그렇게 되네.

김반석   (낙심한 표정으로) 그러니까 자네 말의 의도는 늙어서 기력이 소진해 갈 때 꺼져가는 촛불처럼 자아가 점차 소멸하는 현상은 삶의 자연스러운 과정이고, 어찌 보면 축복이란 뜻으로 들리는데?

지연씨   그렇네. 우리의 정신 현상도 육체의 조건에 따라 발생하고 그 영향을 받으므로, 자아도 그렇게 되는 일은 지극히 당연하네. 그것은 뇌가 에너지 대사를 온전히 몸에 의존하여, 그 활동이 온통 몸의 영향을 받기 때문이지. 이와 달리 만약 우리의 영혼이 영원히 죽지 않고 산다고 한다면, 그 지루하고 따분한 자아를 어떻게 할 텐가? 그것이야말로 달리 보면 영원한 형벌로 보이는데. 아무리 좋은 것도 지루하면 싫증이 나고, 쾌락도 점점 더 큰 것을 원하니까.

김반석   하지만 언제까지나 그렇게 되기를 앉아서 기다릴 수는 없지 않은가? 좀 더 적극적으로 그 두려움을 극복할 방법을 고려하지 않을 수는 없는가? 우리가 언제 죽을지 모르기에 기독교처럼 죽음에 대한 태도를 분명하게 해두는 일이 좋지 않을까?

지연씨   맞는 말이네. 내 말의 본뜻은 죽음의 두려움에 너무 집착하지 말고, 잊어버리고 편하게 살아도 자연히 그렇게 된다는 말일세. 굳이 자네처럼 태도를 분명하게 해두자면, 거기엔 크게 두 가지 방식이 있지. 그 가운데 첫 번째는 자아를 크게 확장하는 길이 그것이네.

김반석   자네 말은 자아의 외연을 크게 설정하면 죽음의 두려움을 극복할 수 있는 일처럼 들리는데?

지연씨   맞네. 우리가 성인이라 받드는 분들도 사실은 깨달음과 수행을 통해 자기의 자아를 인류나 만물까지 확대한 일에 지나지 않네. 그분들이 죽음의 두려움을 우리처럼 느꼈을까?

김반석 (고개를 끄덕이며) 당연히 범인들과 같지는 않았을 것이네. 생사일여(生死一如)라는 가르침도 있지 않은가? 그런데 태도를 분명하게 하는 두 번째 방법은 뭔가?

지연씨 자네가 가장 실용성 있는 방법을 이미 말해 놓고서 그걸 내게 묻는가? 이성과 합리성에 벗어나는 일, 곧 믿을 수 없는 사건을 믿는 일이 자네가 말한 신앙의 특징이라면, 종교에서 말하는 대로 믿으면 그뿐이지. (약간 비꼬듯) 다만 믿음이라는 약발이 약해지면 두렵지 않겠는가?

김반석 (약간 격앙된 목소리로) 그렇게 비꼬는 말투로 믿음을 폄훼하지 말게.

지연씨 기독교의 믿음을 깔볼 생각은 조금도 없네. 각자의 신앙은 소중하니까. 다만 상식에서 보면 무엇을 믿거나 신뢰할 때 그 강도에 따라 결과가 달라져서 말해 본 것뿐이야. 예컨대 자살폭탄 테러리스트의 사례를 보게. 믿음이 강하다면 죽음도 두려워하지 않는다는 극단의 사례가 아니겠나?

김반석 알겠네. (손가락 세 개를 펼쳐 보이며) 그러니까 그 두려움을 극복하는 방법이 세 가지라는 말씀이군. 종교를 가지든지, 자아를 확장하든지, 아니면 자연스러운 몸의 변화에 내맡기라는 게 그거군. (달래듯이) 그렇다면 자네는 가장 실용성 있는 길을 선택해서 예수를 믿으면 안 되겠는가?

지연씨 (오른손으로 이마를 짚으며 비명을 지르듯) 아이고~ 머리야! 예수를 제대로 믿는 일에 실용성이 있다고? 자네 믿음이야말로 헛것이로군. 예수님의 말씀 가운데 그렇게 쉽고 편안한 길이 있는지 어디 한 번 찾아보게. 그 편하다거나 실용성 있다는 말은 모두 종교 장삿속에서 나온 말이지, 예수님이 말한 '좁은 문'이 아님을 잊지 말게나.

내세는 이미 도래한 사건

지연씨의 가족은 대부분 기독교 신자이다. 큰형과 작은형 그리고 큰 조카는 개신교 목사이고, 누나는 권사 여동생과 그의 남편은 해외에서 선교사로 활동하고 있다. 지연씨의 부인과 아들은 천주교인이고, 지연씨와 딸과 사위만 종교가 없다. 명절 때나 중요한 행사가 있으면 가족이 모인다. 어느 설날 아침, 형제 셋이 조용히 딴 방에 모여 중요한 대화를 나누었다.

큰형   (부드러운 목소리로 지연씨를 인자하게 보며) 이보게 이 박사! 자네가 살아갈 날도 이전처럼 많이 남지도 않았는데, 지금이라도 신앙을 가져야 하지 않겠나?

지연씨   (평온한 표정과 낮은 목소리로) 글쎄요.

작은형   (확신에 찬 표정으로) 동생, 내세는 분명히 있네. 그것이 없었다면 지금까지 한 종교가 수천 년 동안 존속하기가 어렵지. 그보다 우리 가족이 죽어서라도 함께 행복하게 살았으면 좋지 않겠나?

지연씨 저도 그런 길이 있다면 그러고 싶습니다만, 솔직히 말하면 이 세상과 별도로 사후 세계가 따로 있는지 없는지 저로서는 알 수 없습니다.

작은형 (나지막한 소리로 차분하게) 자네는 합리적인 사람이니까 하나님이 존재할 가능성이 아무리 낮다고 해도, 믿었을 때 주어지는 대가가 훨씬 크다는 점을 생각해 보게. 만약 하나님이 존재하는 게 옳다면 자네는 영원한 행복을 누릴 것이고, 반면에 자네가 믿지 않는다면 그에 상응하게 닥칠 영원한 형벌을 생각해 보게. 물론 하나님이 존재하지 않는다고 해도 아무런 변화가 없을 것이지만, 어떤 경우든 하나님이 있다고 보는 게 유리하지 않은가?

지연씨 이런 내기 같은 상황을 제게 이야기는 의도 자체는 이해합니다만, 그것이 신의 존재를 증명하는 방법은 아니라고 봅니다. 쉽게 말해 보험처럼 안 믿는 편보다 믿는 편이 혹 있을지 모르는 내세의 복락을 위해 안전장치가 된다는 말이지요?

작은형   그런 뜻으로 말했네만, 신앙이 없는 사람들에게 혹시 모르니까 믿어보라는 얘기지.

지연씨   (단호한 어조로) 좋습니다. 일단 내세가 있다고 칩시다. 현세가 있고 내세가 있으니, 그곳에 가는 어떤 인격을 가진 주체가 있다고 여기는 것이 당연하겠지요?

큰형   그게 하나님이 창조한 인간의 영혼이 아닌가? 물론 예수님이 재림하실 때는 육신도 부활하고.

지연씨   그럼, 묻겠습니다. 하느님이 창조했으니 각 개인의 영혼은 사람마다 같습니까? 다릅니까?

큰형   그야 물로 천차만별이지. 주인이 그릇을 만들 때 크거나 작게 만들고 아름답거나 투박하게 만드는 것처럼 말이지.

지연씨   그렇다면 작거나 투박하게 제작된 사람은 주인에게 왜 그렇게 만들었냐고 따질 수도 있겠네요? 자신이 뭔가 잘못했을 때 '하느님, 당신이 나를 이렇게 만들었으니 어쩌라고요?'라고 항의하면서요.

작은형   피조물이 창조자에게 순종만 해야지 대들 수는 없

지 않은가? 그리고 하나님에게 잘못을 돌릴 수 없는
이유는 사람마다 자유의지가 있기 때문이지.

지연씨 (따지는 어조로) 신분이 낮거나 능력이 모자라는 사람에
게는 매우 불리한 주장입니다. 못난 사람은 영혼의
능력도 보잘것없고, 그로 인해 현실의 삶도 고달플
수밖에 없는데, 각자 자유의지대로 살아서 하느님
을 원망해서도 안 되니, 인간 사회의 불평등을 합리
화하는 것 같습니다.

큰형 (약간 목소리를 높여서) 그릇 같은 피조물이 창조주인 주
인을 원망한다는 게 논리상 말이 안 되지. 그 대신
자유의지도 주었으니 자기 삶은 자기가 개척해야
지. 그에 따른 모든 행위는 본인이 책임져야 하고.

지연씨 그릇은 인격이 없으므로 가능할지 모르지만, 인격
을 지닌 존재는 다르지요. 제가 볼 때는 이 두 생각
은 서로 모순되고 상충합니다. 이를 변증법으로 극
복할 신학이 필요하거나 아니 있겠지만, 아무튼 내
세의 존재 여부에 관한 대화가 엉뚱한 방향으로 전
개되었네요. 다시 돌아가 인간 영혼의 상태는 개체
마다 다르다고 전제하더라도, 한 사람의 일생을 두

고 볼 때도 시기별로 그 양상이 다른데, 죽었을 때 천국이나 지옥에 가는 영혼은 언제 적 영혼입니까? 죽기 직전의 그것입니까?

큰형 (약간 물러서는 말투로) 글쎄. 깊이 생각해 보지 않았는데 죽을 당시의 그것인지 모르겠군.

지연씨 그럼 천국에서 젊게 살려면 젊을 때 죽는 게 이로운 일이겠네요? 이 세상에서 오래 사는 일이 축복이 아닐 수도 있고요.

큰형 따져보니 그렇군. 음~ 단순히 교회에 출석했다고 모두 천국에 갈지도 의문이지만, 원칙상 천국에 가려면 모두 예수님의 성품으로 변화된 영혼이 아닐까? 변화된 성품이면 대체로 비슷할 것이고.

지연씨 '영혼의 동일성'은 중세 때 라틴아베로에스주의(12세기 아랍계 철학자·의사인 이븐 루시드의 아리스토텔레스의 해석에 근거한 서방세계의 철학·신학 학파. 아베로에스는 이븐 루시드의 라틴어 이름)자들과 정통신학자 가운데 일어났던 열띤 논쟁이었습니다만, 그걸 극단으로 강조하면 정통 신학에서 볼 때 이단이 됩니다. 하여튼 '예수의 성품으로 변화된 영혼'이란 말은 매우 중요한 핵심입니다. 제 생각에는 여기서 변한다는 점을 전제한다면, 애초 만인의 영혼이 천차만별함을 뜻하고, '예수의 성품'은 변화되어야 할 인간 영혼의 표준이나 목표라면, 결국 내세에 도달하는 인간의 성품은 예수의 그것과 동일 선상에 있어야 할 것이고, 현세 인간의 영혼은 그 기준에 맞게 동일성을 지향해야 한다고 봅니다.

작은형   원칙상 그렇네. 자네 말의 의도는 천국에 가는 영혼은 동일성이 있어야 하고, 현세의 잡다한 저급한 영혼의 수준으로서는 가기 어렵다는 얘기 같은데, 입으로만 예수를 믿는다고 해서 모두가 천국에 간다는 말이 아니라는 말인가?

지연씨   제 생각은 그렇습니다. 다만 예수와 같은 성품을 지닌 사람은 살아서 이미 천국을 맛보고 있으므로, 현세와 내세의 경계가 없다는 뜻입니다.

작은형   (손으로 턱을 괴며) 성경에 그와 비슷한 표현이 있지. 음 ~ 이 문제는 신학의 논란거리가 될 수 있는데 더 생각해 봐야 할 문제네.

지연씨   불교의 논리도 이와 비슷합니다. 제 말의 요점은 천
국이나 지옥이 있든 없든, 인간의 영혼 또는 자아가
이기적인 육체의 욕망에 갇히지 않고 확장되어, 실
천을 통해 이웃과 만물과 세계와 같아진 경지에 도
달하면, 현세나 내세 자체가 문제 될 일이 없다는
뜻입니다. 현실을 초월해서 내세에만 집착하는 일
은 달리 말하면 현실과 결탁한 옹졸하고 좁은 자아
의 안식처를 찾는 다른 표현으로 보입니다만.

큰형   (목소리를 높이며) 자네가 말한 경지에 도달하는 일은
예수님 같은 분이 아니면 불가능한 거야. 육체를 가
진 인간은 스스로 거기에 도달하기 어려워서 단지
하나님이 독생자를 보내 희생시켜 사람들이 그를
믿어서 구원받도록 하였지. 그러니까 자기의 노력
이 아니라 하나님의 은총에 의하여 천국에 인도되
는 거네. 그래서 인간이 교만해서는 안 되는 거고.

지연씨   기독교 교리는 잘 모릅니다만, 그 말씀에 따르면,
믿음의 대가인 '은총'으로 모든 것이 해결되는 듯
이 보여, 과연 그것으로 사람들의 인품이 예수의 그

것과 같아질지 솔직히 의문입니다. 특히 요즘 일부 개신교 성직자와 교인들을 볼 때 더욱 그렇습니다. '은총' 뒤에 숨어서 세속의 자아가 영원할 것이라는 착각 속에 사는 것 같습니다. "부활 때에는 시집가고 장가가는 일이 없다"라는 예수님 말씀도 내세는 인간이 세속의 자아와 가치에 묶여 있는 그런 경지가 아님을 말해 주는 것이 아닐까요?

작은형   내세가 세속의 경지와 다르다는 점은 인정하네. 내세에 대해서 자세한 가르침이 없어서 사람들은 그것을 현실의 연장으로 생각하는 경향이 있지. 내 생각에는 은총은 선물이니까 그것으로 구원받는 것은 확실하지만, 그 은총 뒤에 숨어서 자신의 인격을 성화시키는 일을 게을리해서는 안 된다고 보네. 그래서 믿음에 의해 구원받느냐 행위에 따라 구원받느냐 하는 점은 기독교 내에서 오래된 논란거리였지만, 믿음에 따른 선물로 구원을 받는다는 점이 대세를 이루지. 동시에 행함이 없는 믿음을 비판하니, 믿음의 결과가 행동으로 드러나야만 하는 것이네.

지연씨   저는 그 믿음이라는 게 결국 예수의 가르침을 따른

다는 뜻으로 보입니다. 그것은 그 가르침에 자신의
모든 것을 맡겨서 그것을 온전히 실천하는 일, 곧
몸을 통한 깨달음을 전제하는 것이어서 문자대로
머릿속에서 시인하거나 추종해서 가능한 일은 아니
라고 봅니다. 이는 노자의 "도를 도라고 말하면 도
가 아니다"라는 논리처럼, 언어는 그 속성상 많은
뜻을 함유하고 있어서, 문자대로 교조의 가르침을
받들어 실천하는 일은 무리라고 봅니다. 그래서 그
가르침의 본래 의미가 무엇인지 공부하고 깨달아
체득해야 한다고 봅니다. 체득이라는 말속에 이미
실천이 전제되어 있어서, 믿음과 행함이 실제로 분
리된 일은 아니라고 봅니다.

작은형   믿음과 행함이 분리된 일이 아니라는 것은 무얼 뜻
         하는가?

지연씨   진정한 내세는 믿음과 행함이 합일된 수행 과정에
         서 깨달음으로 해결되는 문제라는 것이지요. 천국
         이니 지옥이니 하는 말은 보통 사람을 위한 일종의
         방편이고요.

큰형   (불쾌한 어조로) 성경에 천국과 지옥이 있는데, 그것을
            어찌 방편이라 말할 수 있는가?

지연씨   그것은 대부분 종교의 경전에 나오는 말입니다. 다
            만 경전에서 말한 사람의 의도를 파악하는 일이 중
            요하다고 봅니다. 방편이란 불교 용어이고 그 경전
            에 많이 나옵니다. 그렇다고 해서 불교의 근본 진리
            가 훼손되지 않은 점과 같습니다. 예수님도 언제나
            비유로 말씀하신다고 하지 않았습니까?

작은형   그랬지. 그러니까 자네 말은 영혼이 예수님의 그것
            을 닮아 성화(聖化)되면, 현세와 내세가 이분법으로
            나뉘지 않고, 삶과 죽음도 경계가 없어 하나라는 말
            이로군. 이 경우 해당 영혼은 세속의 욕망에 얽매인
            일을 이미 넘어섰으니, 더는 육신의 과도한 욕망이
            요구하는 개체의 특징을 갖지 않겠군. 지향해야 할
            영혼의 동일성이란 그런 의미이고.

지연씨   (표정이 밝아지며) 제대로 이해하셨습니다.

작은형   아! 그런가? 그렇긴 해도 기독교의 가르침과 근원
            부터 어긋나는 점이 있네. 인간의 영혼이 예수를 닮

아가야 한다는 말에는 동의하지만, 각자 영혼의 기
능이 투명하게 만물과 하나가 된다는 경지는 이론
상 가능해도, 결코 각자의 독립성은 훼손될 수 없
네. 하나님이 이 세계와 함께 각 개인의 영혼도 창
조했기 때문이지.

지연씨   (머리를 가볍게 끄덕이며) 이해합니다. 원래 기독교 신학
이 신이나 영혼 따위를 실체로 여기는 서양철학의
영향에서 비롯하였으므로 그렇습니다. 저는 그런
영혼이라는 영원한 실체를 인정하지 않습니다.

큰형   (약간 큰 소리의 언짢은 말투로) 그래서 내세가 있다는 건
가? 없다는 건가?

지연씨   (차분하게) 결국 내세란 실천 속에서 영적인 깨달음으
로 과거와 현재와 미래의 연속선에서 역사적으로
이 땅에 실현되는 실제 사건이자 과정이지요. 그것
이 은밀하게 존재하므로, 불완전하지만 먼저 깨달
은 사람들만 아는 것이어서 그들이 건립해 가는 거
죠. 그 동참 여부는 깨달음의 수준과 실천에 맡겨져
있어서, 그 주체들이 발전적으로 계속 이어나가지
못하면, 그 세상은 변질되거나 위축될 것이고요.

작은형   자네가 말하는 내세는 지금의 세상과 다른 새로운 파라다이스를 말하는 것 같네. 예수님도 당시에 그곳의 새로운 왕이 될 것이라는 오해를 받았지만, 천국은 이 땅에 속한 것이 아니네.

지연씨   결국 제 뜻과 동어반복이군요. '이 땅'이란 말은 지나친 세속의 욕망과 부조리의 상징으로 보입니다만, 제가 말한 내세도 비록 '이 땅' 위에 있어도, '나라가 임하시오며'의 '나라'처럼 그것이 세속의 욕망이 실현되는 '이 땅'에 속하지 않습니다. 그런 의미에서 천국 또는 내세란 비록 작은 비밀이지만, 일부 사람들에게는 자기 믿음이나 깨달음에 따라 이미 도래한 사건이고, 그런 개인이 연대한다면 새로이 개벽(開闢)된 세상이 되는 것입니다. 그런 방식이 아니라면, 천국이나 세속적 파라다이스는 영원히 오지 않습니다.

큰형   (크게 실망한 듯) 허허! 이 사람! 같이 예수 믿고 천국에 가자고 했더니, 뭐가 그리 복잡한가?

작은형   (낮은 목소리로 또렷하게) 자네 생각이 내가 따르는 기독교의 신학과 교리에 어긋난다고 해서 비난하지는 않겠네. 모든 종교가 각자의 교리대로만 세상을 바라보면, 이 땅에 절대로 평화가 없겠지. 다만 각각의 종교와 철학이 지향하는 보편적 관점에서 합의점을 찾는다면, 그 또한 세상을 살기 좋게 만들려는 일이므로, 결국 성인들의 가르침과 다른 길이라고 보지는 않네. 자네 생각이 그렇다면 굳이 예수 믿으라고 강요할 수도 없겠군. 나도 이참에 공부를 더 해야겠다는 생각이 드네.

지연씨 (미안하고 불편한 표정을 지으며) 두 분 형님이 원하는 답을 드리지 못해 죄송할 따름입니다.

그래서 이제 어떻게 살 거니?

　사람이 살아갈 목적도 살아야 할 가치도 인간의 머릿속 외에는 이 세상 어디에서도 발견할 수 없다. 다만 태어나 자라면서 먹을 것과 짝을 찾고 자손을 낳아 키우는 삶의 기본 지향만 늘 있을 뿐이다.

　근대 이후 과학과 주류 철학은 기존 종교와 이념의 근거를 비판하며, 그 목적이나 가치가 세상 어디에도 없음을 줄기차게 밝혀왔다. 그 덕분에 이제는 영리하게도 보통 사람의 일상은 잘 먹고 잘 자는 육체의 즐거움 추구를 당연하게 여기고, 그것이 다수가 암묵적으로 합의한 삶의 목적으로 대체되었다. 비록 그것이 철학이 원래 의도한 결과가 아니라고 할지라도 말이다.

　사실 인류의 가치와 문화는 애초 탐욕으로 인한 재화와 권력 독점의 위험성을 해소하거나 약자가 강자의 횡포에 맞서 싸운 결과물이지만, 점차 사회의 지배층을 위한 이념으로 전락했고, 그 가치의 존재 기반마저 무너지면서 설득력을 잃었다. 이제 다수가 삶의 목적이나 가치의 근거를 신이나 자연에서 찾으려는 오류를 더 이상 믿지 않기 때문이다. 아직도 신의 명령이나 철학적 목적론을 들먹인다면, 이는 그 맹신자의 주장이거나 그걸 통해 얻어먹을 걸 찾는 사람들이 애쓰는 안타까운 호객행위일 뿐이다.

좀 더 솔직히 말해보자. 역사에서 삶의 목적이 자연적으로 정해져 있다고 가르치며 우기는 행위 혹은 신의 명령이 있다고 겁주는 행위 따위는 얼마나 내 삶을 옭아매는 일이었던가? 그럼에도 무지와 추종과 맹신은 무능이자 죄악의 다름 아니었다.

그러니 이제 사람은 온전히 자신만을 위해 살고 싶지 않은가? 그 무엇으로부터도 독립되고 소중한 나, 이 세상에 단 하나뿐인 원자 같은 나, 그런 개인인 내가 아무런 간섭도 받지 않고 마음껏 재산을 소유하며 자유롭게 살아야 하지 않겠는가? 이런 생각이야말로 알든 모르든 현대의 자본주의 문화가 발생한 터전이자 꽃핀 배경이다. 그리고 이것은 현대인에게 선험적 가치로 작용한다.

그래서 모두가 행복한가? 알고 보니 이런 목적에 기반한 나의 권리를 추구하기 위한 자유와 제도는 고스란히 강자를 위한 전리품이 되고 말았다. 전근대적 체제로부터 해방은 민중에겐 더 이상 해방이 아니라 새로운 구속의 시작이었다. 역사는 늘 이런 흐름의 역설을 보였으니, 언제나 새롭게 변혁해야 하는 일이 그 과제이기는 하다. 하지만 이런 이유만으로 당신이 여태 행복하지 못했다면, 당신의 인생에도 문제가 있음은 분명해 보인다. 부조리는 어느 시대나 늘 있기 때문이다.

그래서 이제 어떻게 살 건가?

삶의 답이 원래부터 정해져 있지 않으니, 기존의 문화와 제도에 순응하든지 무시하든지 아니면 저항하든지 선택은 온전히 당신의 몫이다. 그마저도 당신 삶의 행복을 위해서. 다만 남이 이용해 먹으려고 조작한 낡은 이념을 추종하거나 사이비 종교 장사에 속아서 생각 없이 삶을 내맡겨 버리는 아둔한 행위 따위는 더 이상 논하지 말자.

무얼 따르든 저항하든 사람에겐 몸이 있어서 몸의 조건과 항상성을 벗어날 수 없고, 그 항상성은 늘 쾌와 불쾌의 느낌에 따라 유도되기에 인간이 쾌락을 추구하는 지향은 자연스러운 일인 만큼, 십중팔구 그 쾌락 유지를 위해서 살 것이다. 이처럼 인생을 즐겁게만 산다고 나무라거나 금지할 수도 없다. 더하여 사람들은 인생을 즐기며 사는 일이 최고라고 떠든다.

다 좋다. 그러다가 만약 당신이 그런 즐거움만 추구하는 삶이 너무 지루하거나 허무하거나 무가치하다고 느낀다면, 당신은 인생의 의미와 목적을 다시 찾을 것이다. 그래서 예술이든 신앙생활이든 취미든 봉사활동이든 또 어떤 무엇을 통해 그러지 않겠는가?

이렇게 살아가는 이유나 의미, 달리 말해 진정한 행복을 다시 찾으려면, 당신이 활동하는 그 길의 막다른 골목에서 비로소 철학과 제대로 맞닥뜨릴 것이다. 그때 기존 철학의 도움을 받더라도, 종국에는 당신 스스로 생각하면서 당신 인생의 주인이 되어야 하겠기에 각자가 자기 철학을 가질 수밖에 없다. 당신에게 종교가 있더라도, 그 본질을 제대로 알고 그 장삿속에 속지 않으려면. 더구나 합리적 인식을 오도하는 온갖 가짜 뉴스와 선동에 속아 잘못된 선택으로 당신과 당신 자손의 미래를 망치지 않으려면.

바로 여기서 역사의 진보나 정의를 위한 투쟁의 논리를 갖추고 거기에 참여하는 일까지 바라지는 않더라도, 적어도 한 인간으로서 지혜로우면서도 행복하게 살며, 인생을 허무하게 끝내지 않기를 바라는 이 점이야말로 여태 철학에 관심을 두지 않았던 보통 사람들에게 내가 할 수 있는 최소한의 권고이다. 물론 철학이 공리공담이고 현실과 거리가 멀다고 느끼는 분들에게도 더욱 필요한 일이 일이기도 하다. 하물며 즐기며 살려고 평생 돈만 벌다가, 모은 재산 제대로 써 보지도 못한 채, 어느날 그것이 불현듯 소용없는 순간에 삶이 너무 허망한 꿈이라고 느낄 분들에게야.

낯선 지연씨의 인생철학
—내 맘 같지 않은 세상에서 살아가기

2025년 4월 25일 처음 펴냄

지은이 | 이종란

펴낸이 | 김영호

펴낸곳 | 도서출판 동연

등   록 | 제1-1383호(1992년 6월 12일)

주   소 | (우 03962) 서울시 마포구 월드컵로 163-3

전   화 | 02-335-2630

팩   스 | 02-335-2640

이메일 | yh4321@gmail.com

인스타그램 | instagram.com/dongyeon_press

ISBN 978-89-6447-062-6 03040